Das Leben des hl. Franz von Assisi

Der franziskanische Stammbaum

1246

Das Leben des hl. Franz von Assisi

Nach der Legenda Maior des Bonaventura
Illustriert mit den Miniaturen der Sibilla von Bondorf

Mit einem Nachwort von
Sr. Annuntiata Lagier OSC

Herder Freiburg · Basel · Wien

Offsetreproduktionen: H. & H. Schaufler, Freiburg
Gesamtherstellung: Freiburger Graphische Betriebe 1988
ISBN 3-451-21220-x

Inhalt

Vorrede des heiligen Bonaventura
zum Leben des heiligen Franziskus
8

Das Leben des heiligen Franziskus in der Welt
12

Seine vollkommene Hinwendung zu Gott
und die Wiederherstellung dreier Kirchen
18

Die Errichtung des Ordens
und die Gutheißung der Regel
28

Die Entwicklung des Ordens
unter seiner Leitung und die Bestätigung
der früher gutgeheißenen Regel
37

Sein strenges Leben und der Trost,
den ihm die Geschöpfe bereiteten
49

Seine Demut, sein Gehorsam
und die von Gott erlangten Herablassungen
62

Seine Liebe zur Armut
und Gottes wunderbare Hilfe in der Not
74

Seine innige Frömmigkeit
und wie die vernunftlosen Geschöpfe ihm anhingen
84

Seine innige Liebe
und seine Sehnsucht nach dem Martyrium
96

Sein eifriges und machtvolles Beten
104

Sein Verständnis der Heiligen Schrift
und sein Prophetengeist
114

Seine machtvolle Predigt
und seine Gabe der Krankenheilung
121

Die heiligen Wundmale
129

Seine Geduld und sein Heimgang im Tod
138

Seine Heiligsprechung und Überführung
144

Nachwort
153

1 *Der heilige Bonaventura schreibt die Legenda Maior*

Vorrede des heiligen Bonaventura zum Leben des heiligen Franziskus

Es erschien die Gnade unseres Erlösers in diesen letzten Tagen an seinem Diener Franziskus allen wahrhaft Demütigen und Liebhabern der heiligen Armut. Denn auf ihn, den wahren Armen und Büßer, hat Gott mit solch liebevoller Herablassung geblickt, daß er ihn, den Dürftigen, nicht bloß aus dem Staub des Weltlebens hervorzog, sondern auch zum Beobachter, Führer und Herold der evangelischen Vollkommenheit erkor und den Gläubigen als Leuchte aufstellte, damit er Zeugnis gebe vom Licht und dem Herrn den Weg des Lichtes und Friedens zu den Herzen der Gläubigen bereite. Und in der Tat, er war wie der Morgenstern inmitten des Nebels, strahlend durch den hellen Glanz seines Lebens und seiner Lehre verkündigte er den Menschen Frieden und Heil, und war selbst ein Engel des wahren Friedens.

Auch war er wie ein zweiter Vorläufer von Gott dazu bestimmt, den Weg zu bereiten in der Wüste der höchsten Armut und Buße zu predigen durch Wort und Beispiel. Gott durchglühte ihn ganz mit seraphischer Liebesglut und zog ihn als einen zu den seligen Geistern Gehörenden im feurigen Wagen nach oben, wie aus dem Verlauf seines Lebens deutlich erhellt. Dieses liefert uns den Beweis, Franziskus sei im Geist und in der Kraft des Elias gekommen.

Deshalb wird er auch in der wahrhaftigen Weissagung des Evangelisten Johannes, des anderen Freundes des

2 *Der Evangelist Johannes schreibt die Apokalypse*

Bräutigams, nicht mit Unrecht gezeichnet und dargestellt unter dem Bild eines Engels, der vom Aufgang der Sonne aufstieg und das Siegel des lebendigen Gottes hatte. „Bei der Eröffnung des sechsten Siegels", sagt der heilige Johannes (Apk. 7, 2), „sah ich einen anderen Engel aufsteigen von Sonnenaufgang, der das Zeichen des lebendigen Gottes hatte." Daß aber dieser Bote Gottes kein anderer war als der Knecht Gottes Franziskus, geliebt von Christus, nachahmungswürdig für uns, wunderbar der Welt, können wir mit unzweifelhafter Gewißheit schließen, wenn wir bei ihm den Gipfel der erhabenen Heiligkeit betrachten, in welcher er unter den Menschen lebend die Engel an Reinheit nachahmte und so allen vollkommenen Nachfolgern Christi zum Beispiel aufgestellt wurde.

Diese gläubige und fromme Meinung veranlaßt zunächst sein Beruf, den er hatte: zum Weinen, zum Wehklagen und zur Anlegung des Bußgewandes aufzumuntern; ferner seine Gewohnheit, die Stirne der Büßer und Trauernden mit dem griechischen Tau (T) zu bezeichnen, welches das Zeichen der Buße ist und mit dem Kreuz eine große Ähnlichkeit hat; vor allem aber wird diese Meinung bekräftigt durch das unwiderlegliche Zeugnis der Wahrheit, indem ihm durch Eindrückung der Wundmale das Bild des gekreuzigten Heilands eingeprägt wurde.

Da ich mich nun durchaus unwürdig und unfähig fühle, dieses so heiligen Mannes Leben, das aller Nachahmung höchst würdig ist, zu schildern, so würde ich diese Arbeit auch gar nicht unternommen haben, hätte mich nicht die feurige Liebe der Brüder, die einmütige und dringende Aufforderung des ganzen Generalkapitels und endlich meine eigene pflichtmäßige Andacht zum heiligen Vater dazu bewogen. Ich wurde ja als Knabe, wie mir noch frisch im Gedächtnis ist, durch seine Gebete und Verdienste dem Nachen des Todes entrissen und müßte fürchten, der Undankbarkeit beschuldigt zu werden, wenn ich es unterließe, sein Lob nach Kräften zu verkünden.

Daher beginne ich seines Lebens Tugenden, Taten und Worte, die als Bruchstücke teils übersehen, teils zerstreut waren, wenn auch nicht vollständig, so doch nach Kräften zu sammeln, auf daß sie beim Tod der Zeitgenossen des Dieners Gottes nicht zu Grunde gehen.

Damit ich aber die Wahrheit seines Lebens, die ich der Nachwelt überliefern soll, desto gewisser und klarer erführe, so ging ich dorthin, wo der Heilige geboren war, wandelte und starb; ich führte mit seinen Vertrauten, die noch am Leben waren, häufige Unterredungen, besonders mit jenen, die sowohl seine Heiligkeit kannten, als auch vorzügliche Nachahmer derselben waren, und welchen darum wegen ihrer Kenntnis der Wahrheit und erprobten Tugend unzweifelhafter Glaube gebührt.

Bei der Beschreibung dessen, was Gott gnädigst durch seine Diener getan hat, habe ich, um Verwirrung zu vermeiden, bei Abfassung dieser Lebensbeschreibung nicht immer Rücksicht genommen auf die Ordnung der Zeit, sondern vielmehr das zusammengestellt, was zu demselben Gegenstand gehört, wiewohl es zu verschiedenen Zeiten und an verschiedenen Orten geschehen war. Anfang, Fortgang und Ende dieser Lebensbeschreibung werden in fünfzehn Kapiteln abgehandelt.

Das Leben des heiligen Franziskus in der Welt

Es lebte in der Stadt Assisi ein Mann, Franziskus genannt, dessen Andenken gesegnet ist: denn des jungen Franziskus Brust war ein Zug milden Erbarmens gegen die Armen von Gott eingehaucht, und dieses Erbarmen wuchs mit ihm von Kindheit an und erfüllte seine Seele mit so großer Güte, daß er schon als angehender Jüngling nicht ein tauber Anhörer des Evangeliums war und sich vornahm, jedem Almosen zu geben, der ihn bäte, besonders wenn er um der Liebe Gottes willen bitten würde.

Da er aber einmal, von den geräuschvollen Handelsgeschäften als Kaufmann ganz in Anspruch genommen, einen Armen, der um der Liebe Gottes willen um Almosen gebeten, gegen seine Gewohnheit unbeschenkt abgewiesen hatte, kehrte er sogleich in sich, lief dem Armen nach, gab ihm in aller Milde ein Almosen und machte Gott dem Herrn das Versprechen, von jetzt an, wo es nur möglich wäre, niemandem etwas abzuschlagen, der ihn bei der Liebe Gottes um etwas bitten würde. Dieses Versprechen hielt er bis zum Tod und verdiente hierdurch einen reichlichen Zuwachs an göttlicher Liebe und Gnade.

Als ein gewisser Mann aus Assisi, freilich recht einfältig, aber, wie man glaubte, von Gott unterwiesen, dem Franziskus in der Stadt begegnete, nahm er seinen Mantel ab, breitete sein Kleid zu dessen Füßen aus und sprach,

Franziskus werde aller Achtung würdig sein; denn bald werde er Großes vollbringen und deshalb von allen Gläubigen große Ehren empfangen. Indes Franziskus erkannte noch nicht die Absichten, welche Gott mit ihm hatte. Da aber Leiden dem geistigen Ohr Verständnis geben, so kam die Hand Gottes über ihn und sein Leib wurde geschlagen mit langwierigen Krankheiten, um die Seele vorzubereiten auf die Salbung des Heiligen Geistes. Nachdem er wieder zu Kräften gekommen und sich in gewöhnlicher Weise anständige Kleider angeschafft hatte, begegnete er draußen einem Soldaten, der zwar edel, aber arm und schlecht gekleidet war. Beim Anblick desselben wurde er von Mitleid gerührt, zog schnell seine Kleider aus und schenkte sie dem Bedürftigen.

Während er nun in der folgenden Nacht schlief, zeigte ihm der mildreiche Gott einen herrlichen und großen Palast mit Kriegswaffen, geschmückt mit dem Zeichen des Kreuzes Christi, um ihm im voraus anzudeuten, welch unvergleichlichen Lohn er zu erwarten habe für die Barmherzigkeit, die er dem armen Soldaten aus Liebe zum höchsten König erwiesen. Als er nämlich fragte, wem alles dieses gehörte, erhielt er die göttliche Antwort, alles sei für ihn und seine Streiter. Daher entschloß er sich, nach Apulien zu gehen und Dienste zu nehmen bei einem gewissen freigebigen Grafen, unter dessen Fahne er den geachteten Stand eines Ritters zu erlangen gedachte, der ihm im Traum schon angedeutet war. Bald trat er die Reise an und ging bis zur nächsten Stadt. Hier hörte er des Nachts den Herrn freundlich zu ihm sprechen: „Franziskus! Wer kann dir Besseres tun, der Herr oder der Knecht? Der Reiche oder der Arme?"

Franziskus antwortete: „Besseres kann mir der Herr tun und der Reiche." Hierauf erwiderte sogleich die göttliche Stimme: „Warum verläßt du denn um des Knechtes willen den Herrn und um des Armen willen den reichen Gott?" Da sprach Franziskus: „Was willst du, Herr, das ich tue?" Der Herr antwortete: „Kehre zurück in deine Heimat, denn das Gesicht, das du gesehen, versinnbildlicht ein geistiges Werk, welches nicht durch menschliche Klugheit, sondern durch Gottes Eingreifen an dir hervorgebracht werden soll." Darum kehrte er am anderen Morgen in aller Eile mit freudiger Gewißheit nach Assisi zurück und wartete dort, schon jetzt ein Muster des Gehorsams, auf den Willen des Herrn. Nun erkannte er, daß er den verborgenen Schatz gefunden, und als kluger Kaufmann dachte er daran, alles zu verkaufen, um die gefundene Perle zu erwerben. Jedoch war es ihm noch unbekannt, wie dies zu machen sei.

Als er einmal über die Ebene nahe bei Assisi ritt, begegnete er einem Aussätzigen, bei dessen Zusammentreffen ihn mächtiger Schauder überfiel. Aber sogleich erinnerte er sich seines Vorsatzes, nach der Vollkommenheit zu streben und dachte, man müsse zuerst sich selbst überwinden, wenn man ein Ritter Christi werden wolle. Darum stieg er vom Pferd und lief auf den Aussätzigen zu, um ihn zu küssen. Dieser streckte die Hand aus, als wolle er etwas annehmen, und Franziskus gab ihm Geld und küßte seine Hand. Schnell schwang er sich jetzt wieder auf das Pferd, und obschon er sich überall umsah, sah er, wiewohl das Feld nach allen Seiten offen und frei war, durchaus nirgends den Aussätzigen. Hierüber wurde er von Bewunderung und Freude erfüllt und

3 *Der heilige Franziskus umarmt einen Lepra-Kranken*

fing an, in Andacht Gott Loblieder zu singen; auch machte er den Vorsatz, von jetzt an immer nach Höherem zu streben.

Als er sich eines Tages zum Gebet zurückgezogen hatte und vor übergroßer Inbrunst ganz in Gott versenkt war, erschien ihm, ans Kreuz geheftet, Jesus Christus. Bei diesem Anblick zerschmolz seine Seele, und das Andenken an das Leiden Christi wurde seinem Herzen so kräftig eingedrückt, daß er von dieser Stunde an beim Gedanken an das Leiden Christi sich kaum äußerlich der Tränen und Seufzer enthalten konnte, wie er selbst gegen Ende seines Lebens vertraulich erzählte. Hierdurch erkannte er, ihm gelte das Wort im Evangelium: „Wenn du mir nachfolgen willst, so verleugne dich selbst, nimm dein Kreuz auf dich und folge mir nach" (Matth. 16,24). Hatte er früher ein heftiges Grauen nicht bloß vor dem Umgang mit Aussätzigen, sondern auch vor ihrem Anblick aus der Ferne, so erwies er ihnen jetzt zur vollkommenen Verachtung seiner selbst und aus Liebe zum gekreuzigten Heiland, der nach dem Wort des Propheten verächtlich wie ein Aussätziger erschien, in wohltätiger Liebe alle Dienste, welche Demut und Menschenliebe nur eingeben können.

Um diese Zeit besuchte er aus gläubiger Andacht das Grab des Apostels Petrus und erblickte dort eine Menge Armer vor den Pforten der Kirche. Aus süßer Zärtlichkeit gegen die Armen und aus Liebe zur Armut schenkte er dem Ärmsten seine eigenen Kleider, bedeckte sich dürftig mit den Lumpen desselben und brachte den ganzen Tag unter den Armen mit ungewöhnlicher Freude des Geistes zu.

4 *Der heilige Franziskus verteilt seine Habe unter die Armen*

Seine vollkommene Hinwendung zu Gott und die Wiederherstellung dreier Kirchen

Als er eines Tages ausgegangen war zur Betrachtung und auf dem Feld neben der Kirche des heiligen Damian, die Alters wegen einzustürzen drohte, spazieren ging, wurde er vom Geist Gottes in die Kirche geführt, um dort zu beten, und niedergeworfen vor dem Bild des Gekreuzigten, mit großer Tröstung des Geistes beim Gebet erfüllt. Und da hörte er mit leiblichen Ohren eine Stimme vom Kreuz herab dreimal zu ihm sprechen: „Franziskus, geh und stelle mein Haus wieder her, das du ganz zerfallen siehst!“ Weil er aber allein in der Kirche war, so zitterte und bebte er bei dieser wunderbaren Stimme. Wieder zu sich gekommen, schickt er sich an zum Gehorsam und trifft Anstalten, auf göttlichen Befehl die Kirche wiederherzustellen. Jetzt steht er auf, macht das Kreuzzeichen, und nachdem er aus seines Vaters Laden Tuch genommen, reitet er schnell in die Stadt Foligno und verkauft dort Tuch und Pferd. Nach Assisi zurückgekehrt, begab er sich ehrerbietig zu der Kirche, die er wiederherstellen sollte; und da er dort einen armen Priester fand, machte er ihm gebührende Aufwartung und gab ihm zur Wiederherstellung der Kirche und Unterstützung der Armen das empfangene Geld, bat auch demütig, er möge ihm erlauben, eine Zeitlang bei ihm zu bleiben. Der Priester erlaubte nun wohl den zeitweiligen Aufenthalt, aber das Geld nahm er nicht an aus Furcht vor dessen Eltern.

5 *Der heilige Franziskus*
betet vor dem Kreuz in der Kirche des heiligen Damian

Franziskus warf das Geld, das er wahrhaft verachtete und wie Staub ansah, auf eine Fensterbank.

Nachdem der Vater des Dieners Gottes von dessen Aufenthalt bei dem Priester Kenntnis erhalten, läuft er sogleich zornentbrannt dorthin. Als aber der noch neue Ritter Christi die Drohworte seiner Verfolger und ihre Ankunft vernahm, wollte er ihrem Zorn ausweichen und verbarg sich deshalb in einer Höhle. Beim Gebet wurde er nun mit übergroßer Freude erfüllt und fing an, sich der Feigheit anzuklagen; dann verließ er, alle Furcht beiseite legend, die Höhle und begab sich in die Stadt Assisi. Als ihn seine Mitbürger blaß von Angesicht und veränderten Sinnes sahen, hielten sie ihn für wahnsinnig, bewarfen ihn mit Gassendreck und Steinen und verhöhnten ihn mit lauten Schimpfworten, wie einen Unsinnigen und Narren. Aber der Diener des Herrn wurde durch keine Schmähung gebeugt oder verändert und ging durch alles hindurch wie ein Stummer. Sein Vater hört den Lärm und läuft schnell herbei, nicht um seinen Sohn zu befreien, sondern ihn zu strafen; legt alles Erbarmen beiseite und schleppt ihn nach Hause, wo er ihn erst mit Worten, dann mit Prügeln peinigt. Jedoch Franziskus wird hierdurch zur Ausführung dessen, was er angefangen hatte, nur bereitwilliger und mutiger gemacht.

Nach einiger Zeit machte der Vater eine Reise ins Ausland, und da die Mutter, die ihres Mannes Verhalten mißbilligte, keine Hoffnung hatte, ihres Sohnes unbeugsame Standhaftigkeit zu erschüttern, so entfesselte sie ihn und ließ ihn frei gehen. Franziskus dankte Gott für die Befreiung und kehrte an den Ort zurück, wo er früher gewesen war. Als der Vater heimkehrte und ihn

6 Der heilige Franziskus wird von seinem Vater geprügelt und eingesperrt

nicht zu Hause fand, überhäufte er erst seine Gattin mit Schmähworten und begab sich dann wütend an jenen Ort, wo sein Sohn verweilte. Franziskus aber, von Gott gestärkt, geht dem wütenden Vater freiwillig entgegen und erklärt ganz offen, er erachte seine Schläge für nichts und sei auch bereit, um des Namens Christi willen alle Übel und Freuden entgegenzunehmen. Als nun der Vater sah, daß er ihn von seinem Vorhaben nicht abbringen konnte, suchte er das Geld; und da er es am Fenster fand, und hierdurch der Durst seiner Habsucht etwas gestillt wurde, wurde auch seine Wut bedeutend gemildert.

Hierauf versucht der leibliche Vater den Sohn der Gnade vor den Bischof der Stadt zu führen, damit er vor demselben allem väterlichen Erbe entsage und alles hergebe, was er noch hatte. Ungesäumt kommt er vor den Bischof und, ohne auf ein Wort zu warten, noch auch ein Wort zu reden, legt er sogleich alle seine Kleider ab und gibt sie dem Vater zurück. Dann sprach er zum Vater: „Bisher habe ich dich meinen Vater auf dieser Welt genannt, jetzt aber kann ich zuversichtlich sprechen: Vater unser, der Du bist im Himmel; bei diesem Vater habe ich all meinen Reichtum hinterlegt und auf ihn alle meine Hoffnung gesetzt.“ Beim Anblick dieser Szene geriet der Bischof in Verwunderung über den Feuereifer des Mannes Gottes, erhob sich sogleich und schloß ihn unter Tränen in seine Arme; dann bedeckte er ihn, weil er ein frommer und lieber Mann war, mit dem Mantel, den er gerade trug, und befahl seinen Leuten, etwas herbeizubringen, um den Leib des Franziskus zu bedecken. Diese brachten den ärmlichen und schlechten Mantel ei-

7 *Der heilige Franziskus wird von seiner Mutter befreit*

nes Ackerknechtes, der beim Bischof diente. Franziskus nahm ihn dankbar an, machte selbst mit Kalk, den er gerade fand, das Kreuzzeichen darauf und weihte ihn zum Kleid eines gekreuzigten Menschen und halbnackten Armen.

Dann verließ er die Stadt und eilte sicher und frei in die stille Einsamkeit. Aber während der Diener Gottes Franziskus durch das Gehölz wanderte und des Herrn Lob in französischer Sprache mit Jubel sang, kamen Räuber aus ihrem Versteck und fielen ihn an; mit tierischem Grimm drohten sie ihm und fragten, wer er sei. Der Mann Gottes antwortete voll Zuversicht und mit prophetischen Worten: „Ich bin der Herold des großen Königs." Da schlugen sie ihn, warfen ihn in eine Grube voll Schnee und schrieen: „Da liege, du Bauer, du Herold Gottes!" Nachdem die Räuber davongegangen waren, sprang er aus dem Graben und sang im Geist hocherfreut mit noch lauterer Stimme dem Schöpfer aller Dinge Loblieder. Von dieser Zeit an ging der Liebhaber aller Demut zu den Aussätzigen, lebte unter ihnen und bediente sie alle auf das sorgfältigste um Gottes willen. Darum erhielt er auch vom Herrn die so große Gabe, geistige und leibliche Krankheiten mit wunderbarer Kraft zu heilen.

Nachdem er nun die Kirche des heiligen Damian mit Gottes Beistand und mit Hilfe frommer Bürger aus Assisi wiederhergestellt hatte, begab er sich an die Wiederherstellung einer anderen dem heiligen Petrus geweihten Kirche. Nach Vollendung dieser Kirche kam er endlich an einen Ort, Portiunkula genannt, wo eine zu Ehren der Mutter Gottes vor langer Zeit erbaute Kirche stand, die jetzt aber verlassen war und von niemandem versorgt

8 Der heilige Franziskus
verzichtet vor dem Bischof von Assisi auf seine Habe
und gibt seinem Vater die Kleider zurück

wurde. Als der Mann Gottes dieselbe so verlassen erblickte, beschloß er, die Kirche wiederherzustellen. Dort schlug er auch seine Wohnung auf.

Diese Stätte liebte der heilige Mann vor allen in der Welt. Über diese Stätte hatte ein frommer Bruder vor seinem Eintritt in den Orden ein Gesicht, das der Erzählung würdig ist. Er sah nämlich unzählige Menschen um die Kirche herum; alle waren mit Blindheit geschlagen und schauten, auf den Knieen liegend, zum Himmel; riefen mit erhobenen Händen und unter Tränen zu Gott und flehten um Erbarmung und Licht. Und siehe, ein ungeheurer Glanz kam vom Himmel und ergoß sich über alle, und gab einem jeden das ersehnte Licht und Heil. Dieses ist die Stätte, wo der Minderbrüder-Orden vom heiligen Franziskus auf göttliche Offenbarung seinen Anfang nahm. Denn in der Tat ist es durch göttliche Leitung geschehen, daß der Diener Christi, der sich in allem von Gott führen ließ, zuerst drei steinerne Kirchen erbaute, bevor er den Orden gründete und das Evangelium predigte. Gott wollte ihn nämlich auf diese Weise nicht bloß vom Sichtbaren zum Unsichtbaren, vom Kleineren zum Größeren wohlgeordnet und stufenweise aufsteigen lassen, sondern auch durch das äußerlich sichtbare Werk ihm geheimnisvoll zeigen, was er in Zukunft wirken sollte. Denn wie der Knecht Gottes drei steinerne Kirchen wiederhergestellt hatte, so sollte auch die geistige Kirche von ihm dreifach wiederhergestellt werden.

9 *Der heilige Franziskus wird von Räubern überfallen*

Die Errichtung des Ordens und die Gutheißung der Regel

Franziskus blieb nun in der Kirche der jungfräulichen Gottesmutter und flehte sie an, sie möge seine Fürsprecherin werden. Als er eines Tages die Messe von den Aposteln andächtig hörte, und jener Abschnitt aus dem Evangelium vorgelesen wurde, wo Christus seine Jünger zum Predigen aussendet, und ihnen die evangelische Lebensweise vorschreibt, wurde der Liebhaber der Armut, der diese Stelle verstand und dem Gedächtnis tief einprägte, gleich von unaussprechlicher Freude durchströmt und sprach entzückt: „Das ist es, was ich wünsche, das ist's, was ich mit ganzer Seele verlange." Dann löst er die Schuhe von den Füßen, legt den Stab an die Seite, wirft die Tasche fort, verwünscht das Geld, begnügt sich mit einem Rock, nimmt statt des feinen Gürtels einen Strick und sinnt mit aller Sorgfalt des Herzens darauf, wie er das Gehörte ausführen und sich in allem der rechten apostolischen Vorschrift gleichförmig machen könne. In jeder Predigt verkündigte er den Frieden und am Anfang der Predigt grüßte er jedes Mal das Volk mit den Worten: „Der Herr gebe euch den Frieden!" Diesen Gruß hatte er aus göttlicher Offenbarung gelernt, wie er selbst später bezeugte.

Bald erkannten viele die Echtheit seiner einfältigen Lehre und seines Wandels, und einige Männer wurden durch sein Beispiel zum Büßerleben ermutigt, verließen alles und schlossen sich ihm an in Kleidung und Lebens-

10 *Die Vision von Bruder Silvester:*
Der heilige Franziskus und der Drache

weise. Der Erste von diesen war der ehrwürdige Bernhard, der nach göttlichem Beruf der Erstgeborene des seligen Vaters wurde.

Bald darauf wurden fünf Männer von demselben Geist berufen, und Franziskus hatte nun sechs Schüler. Zu eben dieser Zeit hatte ein Priester aus der Stadt Assisi, Silvester mit Namen, ein Mann von ehrbarem Wandel, ein Gesicht von Gott erhalten, das nicht verschwiegen werden darf. Derselbe betrachtete nämlich die Lebensweise des Franziskus und seiner Genossen mit bloß menschlichen Augen und hatte vor derselben einen großen Abscheu. Dieser sah nun im Traum ganz Assisi von einem großen Drachen umgeben, der wegen seiner gewaltigen Größe der ganzen Gegend Verderben zu bringen schien. Hierauf sah er aus dem Mund des Franziskus ein goldenes Kreuz hervorgehen, dessen Spitze bis zum Himmel reichte, und dessen Arme bis an die Grenzen der Erde ausgedehnt schienen. Beim Anblick dieses sehr glänzenden Kreuzes wurde der häßliche und abscheuliche Drache vollständig vertrieben. Da dieses Gesicht ihm dreimal gezeigt wurde, so erkannte er darin eine göttliche Offenbarung; bald darauf verließ er selbst die Welt und folgte Christus so vollkommen nach, daß sein Leben im Orden ein vollgültiger Beweis für die Wahrheit jenes Gesichtes ist, das er in der Welt gehabt hatte.

Um diese Zeit trat ein anderer frommer Mann in den Orden, und jetzt belief sich die gesegnete Nachkommenschaft des Mannes Gottes auf sieben Sprößlinge. Nun berief der liebe Vater alle seine Kinder zu sich und sprach vieles zu ihnen vom Reich Gottes, von der Verachtung der Welt, von der Verleugnung des eigenen Wil-

11 *Der heilige Franziskus*
bereitet seine Brüder auf das Predigen in der Welt vor

lens und der Abtötung des Fleisches; er machte sie auch mit seinem Entschluß bekannt, in die vier Weltgegenden sie zu schicken, um Buße zu predigen. „Geht", sprach der Vater zu den Söhnen, „geht und verkündet den Menschen Frieden und predigt die Buße zur Vergebung der Sünden. Seid geduldig in den Trübsalen, wachsam im Gebet, unverdrossen in der Arbeit, bescheiden im Reden, ernst im Benehmen, dankbar für Wohltaten; denn für alles dieses wird euch ein ewiges Reich bereitet." Die frommen Söhne warfen sich vor dem Diener Gottes demütig zur Erde und empfingen mit geistiger Freude den Befehl des heiligen Gehorsams. Weil er aber wohl wußte, er sei den anderen zum Beispiel gegeben und müsse daher erst tun und dann lehren, so ging er selbst mit einem Bruder, die übrigen sechs wurden in Kreuzesform für die drei anderen Himmelsrichtungen bestimmt. Jedoch nach kurzer Zeit sehnte sich der gute Vater nach der Gegenwart seiner teuren Sprößlinge; und da es ihm selbst nicht möglich war, sie zusammenzurufen, so erflehte er dies von Gott, der die zerstreuten Kinder Israels versammelt. Und in der Tat, obschon keines Menschen Stimme sie rief, so kamen doch alle nach kurzer Zeit durch Gottes gnädige Wirkung unverhofft zusammen, wie der heilige Vater gewünscht, so daß alle sich wundern mußten. Zu eben dieser Zeit schlossen sich ihnen noch vier tugendhafte Männer an und so waren ihrer zwölf.

Da aber der Diener Christi die Zahl der Brüder allmählich wachsen sah, verfaßte er für sich und seine Brüder in einfachen Worten eine Lebensregel. Diese Regel wünschte er vom Papst gutgeheißen und darum entschloß er sich, nur auf die Leitung Gottes vertrauend, mit seiner einfältigen Brüderschar vor den apostolischen Stuhl zu treten. Beim römischen Hof angelangt, wurde er dem Statthalter Christi vorgeführt, der gerade im Lateran-Palast an dem Ort spazierenging, der Spekulum genannt wird. Da aber der Heilige Vater eben in tiefes Nachdenken über erhabene Gegenstände versunken war, und der Diener Christi ihm unbekannt war, so wies er ihn mit Unwillen zurück. Franziskus ging demütig fort. Aber in der folgenden Nacht hatte der Papst eine göttliche Erscheinung. Er sah nämlich zu seinen Füßen einen Palmzweig hervorsprossen und allmählich zu einem sehr schönen Baum heranwachsen. Während er sich hierüber wunderte und nach der Bedeutung des Gesichtes fragte, erkannte er im Licht göttlicher Offenbarung, diese Palme bedeute jenen Armen, den er tags zuvor abgewiesen habe. Am folgenden Morgen ließ er durch seine Diener den armen Franziskus in der Stadt suchen; und da sie ihn im Hospital des heiligen Antonius beim Lateran gefunden hatten, führten sie ihn schnell vor den Papst, wie ihnen befohlen war. Hier legte Franziskus seinen Entschluß vor und bat demütig und inständig um die Gutheißung seiner Lebensweise. Papst Innozenz III. verschob es jedoch, das zu erfüllen, was der Arme Christi erbeten, weil dasselbe einigen Kardinälen als etwas Neues und die menschlichen Kräfte Übersteigendes erschien.

Unter den Kardinälen war ein ehrwürdiger Herr, Johannes vom heiligen Paulus und Bischof von Sabina. Dieser sprach, vom göttlichen Geist entflammt, zum Papst und den übrigen Kardinälen: „Wenn wir dieses armen Mannes Bitte als etwas zu Schweres und Neues verwerfen, wiewohl er nur die Gutheißung einer dem Evangelium entsprechenden Lebensweise begehrt, so müssen wir wohl bedenken, daß wir gegen das Evangelium Christi verstoßen." Nach diesen Worten wandte sich der Nachfolger des Apostels Petrus zu dem Armen Christi und sprach zu ihm: „Mein Sohn! Bete zu Christus, daß er uns durch dich seinen Willen anzeige, damit wir ihn gewisser erkennen und dir sicherer willfahren können." Hierauf begab sich der Diener des allmächtigen Gottes zum Gebet und flehte mit aller Inbrunst zu Gott. Bald kehrte er zum Statthalter Christi zurück und trug ihm folgende herrliche Parabel vor: „Es war einmal eine sehr schöne, aber arme Jungfrau, die in der Wüste lebte. Ein König sah sie und wurde von ihrer Schönheit so mächtig angezogen, daß er sie zur Gemahlin wählte. Er lebte einige Jahre mit ihr zusammen und zeugte mit ihr mehrere Kinder, die alle Züge des Vaters mit der vollen Schönheit der Mutter an sich vereinigten. Endlich kehrte er an seinen Hof zurück. Die Mutter erzog nun die Kinder mit großer Sorgfalt und nach einiger Zeit sprach sie zu ihnen: „Meine Kinder! Ihr seid von einem großen König erzeugt; sucht ihn auf und er wird euch geben, was euch gebührt." Und als die Kinder zum König kamen, fragte er beim Anblick ihrer Schönheit: „Wessen Kinder seid ihr?" Sie antworteten: „Wir sind die Kinder jener armen Frau, die in der Wüste wohnt." Jetzt umarmte sie der König mit großer Freude und sprach: „Fürchtet nichts, ihr seid meine Kinder. Wenn Fremde an meinem Tisch speisen, wie viel mehr werde ich für meine Kinder sorgen?"

12 Papst Innozenz III.
heißt die franziskanische Ordensregel gut

„Dieser König", sprach Franziskus weiter, „ist Jesus Christus, unser Herr; die schöne Frau ist die heilige Armut, die allerorts verworfen und verachtet, in der Welt wie in einer Wüste lebt. Da der König der Könige vom Himmel auf die Erde herabkam, fühlte er solche Liebe für sie, daß er sich mit ihr in der Krippe vermählte. Er zeugte auch in der Wüste mehrere Kinder mit ihr: die Apostel, die Einsiedler, die Mönche und viele andere, die sich freiwillig der Armut ergeben haben. Und die gute Mutter hat sie alle mit den Abzeichen der königlichen Armut, der Demut und des Gehorsams ihrem Vater, dem König des Himmels, zugesandt. Der große König hat sie auch alle mit Liebe aufgenommen, hat versprochen, sie zu speisen und für sie zu sorgen." Da der Statthalter Christi diese Parabel aufmerksam angehört und ihren Sinn verstanden hatte, wunderte er sich sehr und erkannte unzweifelhaft, Christus habe in diesem armen Mann gesprochen. Auch versicherte er, vom Heiligen Geist erleuchtet, das himmlische Gesicht, das er um diese Zeit erhalten hatte, werde sich an diesem Mann erfüllen. Er sah nämlich im Traum, wie er selbst erzählte, die Kirche vom Lateran sehr nahe dem Einsturz. Da sei ein armer, geringer und verachteter Mann herbeigekommen und habe die Kirche mit seinen Schultern gestützt, damit sie nicht einstürze. Jetzt faßte der Papst eine große Hochachtung gegen den Diener Christi, zeigte sich in allem seinem Wunsch willfährig und liebte ihn stets mit besonderer Liebe. Dann gewährte er das Begehrte und bestätigte die Regel.

Die Entwicklung des Ordens unter seiner Leitung und die Bestätigung der früher gutgeheißenen Regel

Jetzt kehrte Franziskus im Vertrauen auf die Hilfe von oben und das Ansehen des Papstes mit großer Zuversicht in das Tal von Spoleto zurück, um das Evangelium Christi zu üben und zu predigen. Unterwegs besprach er sich lange mit seinen Brüdern. Müde und hungrig von den Beschwerden des weiten Weges setzten sie sich in der Einöde nieder, und da ihnen jede Gelegenheit fehlte, die nötige leibliche Nahrung sich zu verschaffen, so kam ihnen alsbald die göttliche Vorsehung zu Hilfe. Denn plötzlich erschien ein Mann und brachte in seiner Hand den Armen Christi Brot; aber ebenso plötzlich verschwand er auch wieder, ohne daß man wußte, woher er kam oder wohin er ging. Als die Brüder dieses Wunder sahen, erkannten sie, daß ihnen unter der Leitung des Mannes Gottes die Hilfe von oben zur Seite stehe, und wurden mehr gestärkt durch den Gedanken, wie freigebig Gott sie beschenkt habe, als durch die leibliche Speise.

Bei ihrer Rückreise zum Tal von Spoleto begannen sie darüber zu reden, ob sie unter den Menschen verkehren oder an einsame Orte sich begeben sollten. Aber der Diener Christi Franziskus fragte, nicht vertrauend auf seine und seiner Brüder Klugheit, in dieser Sache durch inständiges Gebet Gott um Rat, und erkannte bald durch göttliche Offenbarung, er sei dazu vom Herrn gesandt, daß er Christus die Seelen gewinne, die der Teufel ihm zu rauben suchte. Darum zog er es vor, lieber für alle als für sich allein zu leben, wozu er auch durch Christi Beispiel aufgefordert wurde, der für alle zu sterben sich würdigte. Der Mann Gottes zog sich jetzt mit seinen Genossen in eine verlassene Hütte bei Assisi zurück, wo sie nach dem Ideal der heiligen Armut lebten und beteten.

Da die Brüder ihn baten, er möchte sie beten lehren, sprach er: „Wenn ihr betet, dann sagt: Vater unser u. s. w.; und: Wir beten dich an, Herr Jesus Christus, in allen Kirchen der Welt und preisen dich, weil du durch dein Kreuz die Welt erlöst hast." Er lehrte sie auch, den Herrn in allen Geschöpfen zu loben und durch alle Dinge zum Lob Gottes sich zu erheben; die Priester sollten sie mit besonderer Hochachtung ehren, und an dem wahren Glauben, wie ihn die heilige römische Kirche hält und lehrt, festhalten und in Einfalt ihn bekennen. Die Söhne des heiligen Vaters befolgten nun in allem dessen lehrreiche Unterweisungen.

Während nun die Brüder an dem gedachten Ort wohnten, ging der heilige Mann an einem Samstagabend in die Stadt Assisi, um am Sonntagmorgen, wie es Sitte war, im Dom zu predigen. Die Nacht brachte der Gott geweihte Mann in einer Hütte im Gebet zu. Während er nun von seinen Kindern dem Leib nach entfernt war, erschien um Mitternacht, als einige Brüder schliefen, andere noch im Gebet verharrten, ein feuriger Wagen von wunderbarem Glanz, ging durch die Tür des Hauses und fuhr dreimal durch die Wohnung hin und her; auf dem Wagen selbst befand sich eine leuchtende Kugel, ähnlich der Sonne, und erhellte die Nacht. Staunen überfiel die Wachenden, und die Schlafenden wurden, von Schrek-

13 *Der heilige Franziskus erscheint seinen Brüdern auf einem Feuerwagen*

ken erfüllt, aufgeweckt. Dieses Licht beleuchtete nicht weniger die Herzen als die Leiber; denn kraft dieses wunderbaren Lichtes war das Gewissen des einen dem anderen bloßgelegt. Und während alle die Herzen der anderen gegenseitig schauten, erkannten sie auch einmütig, der heilige Vater, der zwar dem Leib nach abwesend, mit dem Geist aber anwesend war, sei ihnen deshalb in dieser verklärten Gestalt auf einem leuchtenden und feurigen Wagen durch übernatürliche Kraft vom Herrn gezeigt, damit sie als wahre Israeliten dem nachfolgten, der wie ein anderer Elias geistigen Männern von Gott zum Wagen und Fuhrmann gemacht worden ist. Nach seiner Rückkehr legte der heilige Mann seinen Brüdern die geheimsten Falten ihres Gewissens offen, sagte ihnen vieles über den Fortschritt des Ordens vorher. Und da er viele Dinge offenbarte, welche den menschlichen Verstand übersteigen, so erkannten die Brüder wahrhaft, der Geist des Herrn ruhe in solcher Fülle auf seinem Diener Franziskus, daß man nach seiner Lehre und seinem Beispiel ganz sicher wandeln könne.

Hierauf führte Franziskus, der Hirt der kleinen Herde, auf Antrieb der göttlichen Gnade seine zwölf Brüder zu der Kirche Maria Portiunkula. Von hier durchreiste er Städte und Dörfer und verkündete das Reich Gottes. Allen, die ihn sahen, erschien er wie ein Mensch aus einer anderen Welt; denn Herz und Augen waren stets zum Himmel gerichtet und alle suchte er nach oben zu ziehen. Sehr viele Personen beiderlei Geschlechts wurden innerlich entzündet durch die feurigen Reden des Franziskus, dienten dem Herrn in ehelicher Keuschheit und

14 *Die wunderbare Heilung von Bruder Morikus*

banden sich durch neue Gesetze der Buße, die er ihnen vorschrieb; diese Lebensweise nannte der Diener Christi den Orden der Brüder von der Buße.

Es gelobten auch Jungfrauen beständige Keuschheit. Unter diesen ist die Jungfrau Klara, sehr geliebt von Gott, die erste Pflanze, die weiße Frühlingsblume von gutem Geruch, ein hellglänzendes und strahlendes Gestirn, jetzt im Himmel verherrlicht und von der Kirche auf Erden würdig geehrt; sie war des heiligen Vaters Franziskus Tochter in Christus und selbst Mutter armer Frauen.

Einmal kamen einige Brüder in die Länder der Ungläubigen, wo ein Sarazene, von Mitleid gerührt, ihnen Geld anbot, damit sie sich die notwendigen Lebensmittel kaufen könnten. Da sie aber das Geld anzunehmen sich weigerten, wunderte sich der Mann, weil er sie dürftig sah; nachdem er aber erfahren hatte, daß sie aus Liebe zu Gott arm geworden und kein Geld besitzen wollten, faßte er so große Liebe zu ihnen, daß er sich erbot, sie mit allem Notwendigen zu versehen, so lange er selbst etwas habe.

Um diese Zeit lag im Hospital bei Assisi ein Ordensmann aus dem Orden der Kreuzritter, Morikus genannt, an einer so schweren und langwierigen Krankheit darnieder, daß die Ärzte ihn für unheilbar erklärten. Dieser ließ den Mann Gottes durch einen Boten demütig bitten, er möge sich doch würdigen, seiner bei Gott zu gedenken. Der selige Vater geht auf die Bitte gütigst ein und begibt sich ins Gebet; hierauf nimmt er Öl aus der Lampe, die vor dem Altar der heiligen Jungfrau hing, mischt es mit Brotkrumen und läßt diese Masse als be-

15 *Die Vision des Bruders Pazifikus*

sondere Arznei zu dem Kranken bringen. Kaum hatte der Kranke diese Arznei gekostet, als er an Leib und Seele gesund aufstand und eine kräftige Gesundheit erhielt.

Ein kunstfertiger Dichter weltlicher Lieder, wegen seiner Kunst vom Kaiser gekrönt und Liederkönig genannt, hatte sich vorgenommen, den Mann Gottes zu sehen, der alles Weltliche verachtete. Als er ihn nun bei der Burg des heiligen Severin in einem Kloster predigend fand, kam die Hand Gottes über ihn, und er sah Franziskus, den Prediger des Kreuzes Christi, mit zwei hellglänzenden Schwertern gezeichnet, die in Kreuzesform quer übereinander lagen. Wiewohl er den Diener Christi nie von Angesicht gesehen hatte, so erkannte er ihn doch durch dieses so große Wunder, das ihn ihm bekannt machte. Beim Schauen dieses Gesichtes war er heftig erstaunt und fing an, sich zu einem besseren Leben zu entschließen. Alsbald verließ er allen weltlichen Pomp und schloß sich dem seligen Vater durch die Profeß an. Der heilige Mann nannte ihn darum Bruder Pazifikus, weil er ihn von der Unruhe der Welt zum Frieden Christi vollkommen bekehrt sah. Nach seiner Bekehrung zeichnete er sich aus in jeglicher Tugend und wurde späterhin erster Provinzial in Frankreich. Er war es auch, der vor seiner Abreise nach Frankreich an der Stirne des Franziskus wiederholt ein großes griechisches Tau (T), das verschiedene Farben hatte und dessen Angesicht wunderbar schmückte, zu sehen verdiente.

Im Laufe der Zeit mehrten sich die Brüder, und der sorgsame Hirte fing darum an, sie zum Kloster Maria von Portiunkula zum Generalkapitel zu berufen, damit er nach göttlicher Leitung im Land der Armut einem je-

16 *Der heilige Franziskus erscheint dem Kapitel von Arles*

den seinen Anteil des Gehorsams gäbe. Wiewohl hier Mangel war an allem Notwendigen und einmal über fünftausend Brüder zusammenkamen, so hatten sie doch durch Hilfe der göttlichen Milde hinreichende Lebensmittel, waren gesund am Leib und voll der Wonne des Geistes. Obschon er bei den Provinzialkapiteln nicht leiblich anwesend sein konnte, so war er ihnen doch durch sorgsame Leitung, anhaltendes Gebet und durch die Kraft seines Segens geistig gegenwärtig; ja bisweilen erschien er durch wunderbare Wirkung der göttlichen Kraft bei ihnen sichtbar. Als nämlich der ausgezeichnete Prediger Antonius, jetzt glorreicher Bekenner Christi, auf dem Kapitel zu Arles seinen Brüdern über den Kreuzestitel „Jesus von Nazareth, König der Juden" predigte, blickte ein Bruder von bewährter Tugend, Monaldus mit Namen, auf göttliche Mahnung nach der Türe des Kapitelsaales und sah mit leiblichen Augen den seligen Franziskus in der Luft schweben und wie mit kreuzweise ausgestreckten Händen die Brüder segnen.

Da nun der Orden sich schon weit ausgebreitet hatte, so dachte Franziskus daran, die Lebensweise, die der Papst Innozenz gutgeheißen, von dessen Nachfolger Honorius für ewige Zeiten bestätigen zu lassen. Es schien ihm nämlich, als sammle er ganz kleine Brotkrumen von der Erde und müsse sie vielen hungernden Brüdern, die um ihn her standen, zum Essen darreichen. Während er sie nun auszuteilen sich fürchtete, weil sie seinen Händen entfallen könnten, sprach eine Stimme von oben: „Franziskus, mache aus allen Krumen ein Brot und gib davon jenen, die essen wollen." Er folgte dem Befehl, und alle, welche die Gabe nicht mit Andacht annahmen

17 *In einer Vision ernährt der heilige Franziskus seine Brüder mit zu einem Brot geformten Brotkrumen*

oder das Erhaltene verachteten, wurden bald mit einem bösen Aussatz behaftet. Am Morgen erzählt der heilige Mann die ganze Erscheinung seinen Genossen und bemerkt, er könne die geheimnisvolle Bedeutung derselben nicht verstehen. Während er aber am folgenden Tag im Gebet verharrte, hörte er eine Stimme vom Himmel ihm sagen: „Franziskus, die Brotkrumen, welche du in letzter Nacht gesehen, bedeuten die Worte des Evangeliums, das Brot bedeutet die Regel, der Aussatz bedeutet die Bosheit des Herzens.“ Jetzt entschloß er sich, die bisher beobachtete Regel in kürzere Form zu bringen und sie dann bestätigen zu lassen. Zur Ausführung dieses Werkes begab er sich mit zwei Genossen auf einen Berg, wo er bei Wasser und Brot fastete und die Regel niederschreiben ließ, wie der Heilige Geist sie ihm während des Gebetes diktierte. Hierauf begab er sich zum oben genannten Papst Honorius und der heilige Vater bestätigte die Regel, wie es Franziskus gewünscht hatte. Um die Brüder zur Beobachtung der Regel kräftig anzuspornen, sagte er: „Ich habe nach eigenem Gutdünken nichts aufgenommen, sondern alles so schreiben lassen, wie Gott es mir offenbarte.“

Sein strenges Leben und der Trost, den ihm die Geschöpfe bereiteten

Da nun der Mann Gottes Franziskus sah, daß sein Beispiel viele anfeuerte, Christi Kreuz mit glühendem Eifer zu tragen, so ermutigte er auch sich, ein guter Anführer der Ritter Christi zu werden und selber durch Ausübung der höchsten Vollkommenheit zur Siegespalme zu gelangen. Er dachte an den Ausspruch des Apostels: „Die Christus angehören, haben ihr Fleisch mit seinen Lastern und Begierlichkeiten gekreuzigt." Und damit er die Rüstung Christi an seinem Leib trüge, zügelte er die sinnlichen Neigungen mit strenger Zucht. In gesunden Tagen genoß er fast niemals gekochte Speisen, und wenn er solche nahm, dann mischte er sie mit Wasser oder Asche und machte sie möglichst unschmackhaft. Was soll ich sagen vom Weintrinken, da er nicht einmal hinreichend kaltes Wasser nahm, wenn er vor Durst brannte? Ging er aber unter die Leute, so richtete er sich um des Evangeliums willen in Beschaffenheit der Speisen äußerlich nach denen, die ihn gastlich aufnahmen; jedoch nach Hause zurückgekehrt, nahm er seine strenge Abtötung wieder auf. Der bloße Boden war häufig die Lagerstätte für seinen ermüdeten Leib.

Weiche Kleider verabscheute er, dagegen liebte er rauhe und versicherte, der heilige Johannes der Täufer sei wegen seines rauhen Gewandes vom Herrn gelobt. Auch hatte er aus eigener Erfahrung wohl gelernt, daß die Teufel vor einer rauhen Lebensweise erschrecken, aber mit Zuversicht auf Erfolg die Weichlichen heftiger versuchen würde. Da er eines Nachts wegen Kopfweh und Augenschmerzen gegen seine Gewohnheit ein Federkissen gebrauchte, fuhr ein böser Geist in dasselbe, beunruhigte ihn vielfach bis zur frühen Morgenstunde und störte ihn in der heiligen Übung des Gebetes. Endlich ließ er einen Bruder kommen und das Kissen samt dem schlimmen Gast weit weg aus der Zelle tragen. Aber kaum war der Bruder aus der Zelle getreten, als alle seine Glieder vollständig erlahmten. Der heilige Vater erkannte im Geist die Lage des Mitbruders und befahl dem Teufel, seiner Wut Einhalt zu tun; und siehe! Augenblicklich erhält der Bruder die frühere Kraft des Leibes und der Seele vollkommen wieder zurück.

Er hielt sich stets in strenger Zucht und verwendete die allergrößte Sorgfalt auf die Reinheit des inneren und äußeren Menschen. Er pflegte zu sagen: „Für einen Geistesmann ist es unvergleichlich erträglicher, Kälte auszustehen am Leib, als den Brand fleischlicher Wollust auch nur ein wenig zu verspüren im Geist." Als er eines Nachts bei der Wüste Sarthiano in der Zelle betete, rief ihn der alte höllische Feind dreimal mit Namen: „Franziskus! Franziskus! Franziskus!" Auf die Frage des Heiligen, was er denn wolle, antwortete trügerisch der Böse: „Es gibt keinen Sünder in der Welt, dem Gott nicht verziehe, wenn er sich bekehrt; wer aber sich selbst umbringt durch harte Buße, der wird in Ewigkeit keine Verzeihung finden." Der Mann Gottes erkannte bald durch Offenbarung des Teufels Trug und wie er ihn nur zum lauen Leben zurückzubringen suchte. Denn sogleich empfand er, angeblasen von dem, dessen Hauch

18 Der heilige Franziskus segnet das Brot und predigt den Brüdern die Strenge

Kohlen brennen macht, eine heftige Versuchung des Fleisches. Sobald als der Liebhaber der Keuschheit die Versuchung verspürte, legte er den Habit ab und geißelte sich heftig mit dem Strick, den er als Gürtel trug. Und von wunderbarer Glut des Geistes beseelt, öffnet er die Zelle, läuft hinaus in den Garten, stürzt sich mit bloßem Leib in den tiefen Schnee, macht mit vollen Händen sieben Schneefiguren, stellt sich vor dieselben und redet seinen äußeren Menschen mit folgenden Worten an: „Siehe da, diese größere ist deine Frau; hier sind deine vier Kinder, zwei Söhne und zwei Töchter; da ist deine Dienerschaft, ein Knecht und eine Magd, welche dich bedienen müssen; schnell bekleide sie alle, denn sie sterben vor Kälte. Wenn dich aber die vielfältige Sorge um sie belästigt, dann diene sorgsam dem Einen Herrn." Jetzt ging der Versucher besiegt von dannen und der heilige Mann kehrte triumphierend in seine Zelle zurück.

Er pflegte auch dieses zu lehren: man müsse nicht bloß die Laster des Fleisches töten und dessen Triebe zügeln, sondern auch die äußeren Sinne, durch die der Tod in die Seele einginge, mit der größten Sorgfalt bewachen; Vertraulichkeiten und Gespräche mit Weibspersonen und Blicke auf dieselben seien vielen eine Gelegenheit zum Untergang gewesen und man müsse derartiges sorgfältig meiden. Hierdurch breche der Schwache zusammen, und sogar der Starke werde oft schwach; mit Frauenspersonen umgehen, ohne angesteckt zu werden, wenn jemand nicht ein ganz bewährter Mann wäre, sei nach der Schrift ebenso viel, als im Feuer gehen, ohne die Fußsohlen zu verbrennen. Er selbst bewachte sehr seine Augen, daß sie niemals eitle Gegenstände sähen.

19 Die Versuchung des heiligen Franziskus durch den Teufel

Den Müßiggang lehrte er vor allem fliehen, nannte ihn eine Pfütze aller bösen Gedanken und zeigte durch sein Beispiel, wie man das aufrührerische und träge Fleisch durch stete Zucht und nützliche Arbeiten bändigen müsse. Sah er jemanden müßig umherschweifen und träge das Brot essen, das andere sauer erworben hatten, so hieß er ihn Bruder Mücke, weil ein solcher nichts Gutes tut, die Wohltaten mißbraucht und sich bei allen gemein und verächtlich macht. Auch das evangelische Stillschweigen wollte er von seinen Brüdern beobachtet wissen, damit sie allzeit jedes müßigen Wortes sich sorgfältig enthielten, als solche, die am Tage des Gerichtes hierüber Rechenschaft abzulegen haben. Traf er einen Bruder, der müßige Reden zu führen pflegte, so wies er ihn derb zurecht.

Wiewohl er seine Brüder nach Kräften zum strengen Leben anleitete, so gefiel ihm doch nicht jene Strenge, welche ohne liebevolles Erbarmen und ohne die Würze der Klugheit ist. Eines Nachts wurde ein Bruder wegen übergroßer Abtötung gequält von Hunger und konnte gar nicht schlafen. Sobald der gute Hirte die drohende Gefahr seines Schäfleins erkennt, ruft er den Bruder herbei, legt ihm Brot vor und, damit er ihm die Scham nehme, ißt er selbst zuerst und lädt ihn mit süßen Worten zum Essen ein. Am folgenden Morgen ruft der Mann Gottes seine Brüder zusammen und erzählt ihnen den Vorfall der letzten Nacht; fügt dann aber die weise Mahnung hinzu: „Meine Brüder! Nicht das Essen, sondern die Liebe sei euch zum Beispiel; die Klugheit muß die Lenkerin der Tugend sein; nicht jene Klugheit, welche das Fleisch eingibt, sondern die Christus lehrt, dessen

20 *Der heilige Franziskus*
erträgt geduldig das Brennen seines Auges

hochheiliges Leben das vollendete Vorbild der Vollkommenheit ist.

Weil aber der Mensch, mit der Schwachheit des Fleisches bekleidet, dem makellosen Lamm, Christus dem Gekreuzigten, nicht so vollkommen nachfolgen kann, daß er jeden Flecken vermeide, so müssen nach des Heiligen Lehre diejenigen, welche eifrig nach einem vollkommenen Leben trachten, sich täglich waschen im Wasser der Tränen. Er selbst beobachtete diesen Grundsatz aufs genaueste. Denn obgleich er schon eine wunderbare Reinheit des Leibes und der Seele erlangt hatte, so wusch er doch ohne Unterlaß die Augen seines Geistes im Strom der Tränen, ohne es zu achten, daß er hierdurch das Licht seiner leiblichen Augen verlor. Einmal hatte er sich vor stetem Weinen eine heftige Augenkrankheit zugezogen, und der Arzt riet ihm, er möge sich des Weinens enthalten, wenn er nicht erblinden wolle. Aber der heilige Mann wollte lieber das leibliche Augenlicht verlieren als die Andacht unterdrücken, welche Tränen hervorfließen läßt, wodurch das innere Auge gereinigt wird, um Gott schauen zu können.

Einmal gaben ihm die Ärzte den Rat, er solle sich durch Brennen heilen lassen, und die Brüder drangen sehr in ihn, er möge diesen Rat befolgen. Der Mann Gottes gibt voll Demut seine Zustimmung, weil er das Brennen für heilsam erkannte, und es schmerzlich war. Der Chirurg wird gerufen. Wie er aber das Eisen ins Feuer legt, um es glühend zu machen für das Brennen, gerät der Diener Christi in Schrecken; jedoch gleich ermutigt er seinen Leib, redet das Feuer an wie einen Freund und spricht: „Bruder Feuer! Du bist vor allen Dingen mit be-

21 *Der heilige Franziskus verwandelt Wasser in Wein*

neidenswertem Glanz ausgestattet und der Allerhöchste hat dich voll Kraft, schön und nützlich geschaffen; sei mir in dieser Stunde gnädig, sei mir heilsam. Ich bitte den großen Herrn, der dich erschaffen, er möge deine Hitze mäßigen, damit du gelinde brennst und ich dich ertragen kann." Nach vollendetem Gebet macht er das Kreuzzeichen über das feuersprühende Eisen und läßt unerschrocken das Brennen vornehmen. Zischend senkt sich das Eisen tief in das zarte Fleisch und die Brandwunde reicht vom Ohr bis zu den Augenbrauen. Aber welchen Schmerz das Feuer verursachte, hat der heilige Mann selbst erklärt: „Lobet den Allerhöchsten", sprach er zu seinen Brüdern, „denn ich sage euch in Wahrheit, ich habe weder die Hitze des Feuers noch einen Schmerz am Leib empfunden." Hierauf wandte er sich zum Arzt und sprach: „Wenn das Fleisch nicht hinreichend gebrannt ist, so drücke das Eisen noch einmal ein." Der erfahrene Arzt bewunderte im schwachen Fleisch die mächtige Kraft des Geistes, pries das Wunder Gottes und sprach: „Ich sage euch, Brüder, heute habe ich Wunderdinge gesehen."

Ein anderes Mal lag er in der Einsiedelei des heiligen Urban sehr krank darnieder. Er bat da, weil er sich so schwach fühlte, um einen Becher Wein, erhielt aber zur Antwort, man könne ihm nichts geben, weil kein Wein da wäre. Jetzt läßt er sich Wasser bringen und macht das Kreuzzeichen über dasselbe und augenblicklich ist das Wasser in den köstlichsten Wein verwandelt. Sobald er von diesem wunderbaren Wein gekostet hatte, wurde er sogleich gesund.

Einmal wurde sein Leib von vielen Krankheiten ge-

22 *Der kranke heilige Franziskus wird von Engelsmusik erheitert*

plagt und zur Erheiterung des Geistes wünschte er eine wohltönende Musik zu hören. Da der Mann Gottes nun anstandshalber von Menschen diesen Dienst nicht erhalten konnte, leisteten Engel ihm diese Gefälligkeit. Denn während er in der Nacht wachte und über göttliche Dinge nachdachte, ertönten plötzlich die wundervollen Klänge und das lieblichste Spiel einer Zither.

Ein anderes Mal ging der Mann Gottes auf seiner Missionsreise zwischen Lombardien und Marchia Tervisina den Po entlang und wurde von finsterer Nacht überfallen. Der Weg war sehr gefährlich wegen Dunkelheit der Nacht, wegen des Flusses und der Sümpfe. Jetzt sprach der Begleiter zum Heiligen: „Mein Vater! Bitte Gott, damit wir aus diesen Gefahren befreit werden." Der Mann Gottes antwortete mit vieler Zuversicht: „Mächtig ist Gott; wenn es seiner süßen Liebe gefällt, so kann er die Finsternis vertreiben und uns wohltätiges Licht gewähren." Kaum hatte er diese Worte gesprochen, als sie auch plötzlich durch höhere Kraft von einem so starken Licht umstrahlt wurden, daß sie, obschon es sonst finstere Nacht war, durch dieses helle Licht nicht bloß den Weg, sondern auch viele Gegenstände ringsumher sehen konnten.

23 Göttliches Licht geleitet die Brüder auf ihrer Reise durch die Nacht

Seine Demut, sein Gehorsam und die von Gott erlangten Herablassungen

Die Demut, Wächterin und Schmuck aller Tugenden, hatte sich dem Mann Gottes in reicher Fülle mitgeteilt. In seinen Augen war er nichts als ein Sünder, obschon er in Wahrheit der Spiegel und Abglanz jeglicher Heiligkeit war. Er wollte sich lieber tadeln als loben hören, weil er wußte, daß Tadel zur Besserung führe, Lob aber ins Verderben stürze. Wenn demnach das Volk an ihm die Verdienste seiner Heiligkeit hervorhob, so ließ er sich von einem Bruder Schmähworte zurufen. Einmal war er wegen schwerer Krankheit genötigt, von seiner Bußstrenge etwas abzulassen, um die Gesundheit wiederherzustellen. Nachdem er aber die Kräfte des Leibes in etwa wiedererhalten hatte, sprach er: „Es geziemt sich nicht, daß mich das Volk für abgetötet hält, da ich doch insgeheim meinen Leib pflege.“ Jetzt ruft er auf der Straße der Stadt Assisi das Volk zusammen und schreitet, von vielen Brüdern begleitet, feierlich zur Hauptkirche der Stadt. Hier entblößt er sich bis auf die Beinkleider und läßt sich an einem Strick um den Hals vor den Augen aller bis zu dem Stein schleppen, auf den die Übeltäter gestellt und bestraft wurden; dann befestigt er den Stein und hält mit großem Feuer eine Predigt, wiewohl er das viertägige Fieber hatte, sich schwach fühlte und die Kälte heftig war. In der Predigt versicherte er vor allen Zuhörern, man dürfe ihn nicht wie einen geistigen Mann ehren, sondern vielmehr müßten alle ihn als einen fleischlichen

24 *Die Predigt des heiligen Franziskus*

Menschen und Schlemmer verachten. Die versammelte Menge wunderte sich über dies so unerhörte Schauspiel; und weil man des Heiligen Strenge allgemein kannte, so wurden alle von Andacht erfüllt und sagten, eine solche Demut sei vielmehr zu bewundern als nachzuahmen.

Die Gaben Gottes suchte er im Schrein seines Herzens zu verbergen und wollte sich dem Ruhm nicht bloßstellen, weil dieses eine Gelegenheit zum Fall werden könnte. Wurde er von der Menge glücklich gepriesen, was oft geschah, so pflegte er zu sagen: „Ich könnte noch Söhne und Töchter haben; lobet den nicht, der seines Heiles noch nicht sicher ist. Niemand darf gelobt werden, dessen glückliches Ende ungewiß ist." Oftmals sprach er zu seinen Brüdern: „Niemand darf sich verkehrter Weise wegen aller jener Werke schmeicheln, die auch ein Sünder tun kann. Ein Sünder kann fasten, wehklagen, das eigene Fleisch abtöten; nur dieses eine kann er nicht, nämlich treu sein gegen seinen Herrn. Darin müssen wir uns also rühmen, daß wir dem Herrn die Ehre geben, ihm treulich zu dienen und ihm aufrichtig zuschreiben, was er uns geschenkt hat."

Als man ihn einmal fragte, wer für wahrhaft gehorsam zu halten sei, stellte er als Beispiel des Gehorsams einen Leichnam auf. „Nimm einen Leichnam", sprach er, „und stelle ihn, wohin du willst; bewegst du ihn, er wird sich nicht widersetzen; läßt du ihn liegen, er wird nicht murren; fällt er nieder, er wird nicht aufschreien; setzt man ihn auf einen Thron, er schaut nicht nach oben, sondern nach unten; kleidet man ihn in Purpur, so wird er doppelt blaß." Dann sagte er noch: „Wahrhaft gehorsam ist, wer nicht darüber urteilt, warum man ihn bewegt; sich nicht darum bekümmert, wohin man ihn stellt; nicht auf Änderung drängt; der die frühere Demut bewahrt, wenn er zu Ämtern befördert wird und sich für um so unwürdiger hält, je mehr man ihn ehrt."

Aus Liebe zur Demut wollte Franziskus, das Vorbild der Demut, seine Brüder Minderbrüder und die Obern seines Ordens Diener genannt wissen. Auch bei dieser Benennung wollte er sich der Worte des Evangeliums bedienen, und aus dem Namen selbst sollten seine Schüler lernen, daß sie in die Schule des demütigen Jesus gekommen seien, um Demut zu lernen. Einst fragte ihn der Kardinal von Ostia, ein vorzüglicher Beschützer und Beförderer des Minderbrüder-Ordens und später, nach der Voraussage des Heiligen, zur päpstlichen Würde erhoben und Gregorius IX. genannt, ob es ihm genehm sei, daß seine Brüder zu kirchlichen Ämtern befördert würden. Franziskus erwiderte: „Mein Herr! Minderbrüder wurden meine Brüder deshalb genannt, damit sie nicht mit Anmaßung trachteten, groß zu werden; wenn Sie wünschen, daß meine Brüder in der Kirche Gottes Frucht bringen, dann mögen Sie dieselben in ihrem demütigen Stand erhalten und niemals erlauben, daß sie zu kirchlichen Würden befördert werden."

Als ein Bruder einmal den Mann Gottes begleitete, gingen beide in eine verlassene Kirche und beteten mit glühender Andacht. Hierbei gerät der Bruder in Verzükkung und schaut unter vielen Thronen im Himmel einen von ganz besonderer Schönheit, geschmückt mit kostbaren Edelsteinen und strahlend in aller Pracht. Während der Bruder sich wundert über den Glanz dieses herrlichen Thrones und ängstlich bei sich denkt, wer wohl auf denselben erhoben werde, vernimmt er eine Stimme zu ihm sprechend: „Dieser Sitz gehörte einem der abtrünnigsten Geister und wird jetzt dem demütigen Franziskus aufbewahrt." Wieder zu sich gekommen, folgt er dem heiligen Mann, der die Kirche verläßt, in gewohnter Weise nach. Während sie aber unterwegs miteinander über Gott sprachen, fragte ihn der Bruder vorsichtig, was er von sich halte. Hierauf erwiderte der demütige Diener Christi: „Ich halte mich für den größten Sünder." Als nun der Bruder bemerkte, daß er (Franziskus) dies mit gutem Gewissen weder sagen noch denken könnte, antwortete der Heilige: „Hätte Gott dem größten Verbrecher so große Gnaden erwiesen wie mir, so wäre er gewiß viel dankbarer als ich." Durch diese Antwort von so wunderbarer Demut wurde der Bruder über die Wahrheit des gehabten Gesichtes bestärkt.

Während er einmal in einer verlassenen Kirche betete, die in der Provinz Massa beim Berg Kasa stand, erkannte er im Geist, daß sich dort heilige Reliquien befänden. Mit Trauer sah er sie schon lange der gebührenden Ehre beraubt und befahl daher seinen Brüdern, dieselben ehrfurchtsvoll an einen gewissen Ort zu bringen. Gleich darauf hatte er eine notwendige Reise zu machen und die Brüder vergaßen des Vaters Befehl und ließen das Verdienst des Gehorsams außer acht. Als man aber eines Tages die heilige Messe lesen wollte und die Brüder das oberste Altartuch wegnahmen, fanden sie zu ihrem Erstaunen sehr schöne und wohlriechende Gebeine und sahen die Reliquien, nicht von eines Menschen Hand, sondern durch das Wirken Gottes dorthin gebracht. Nach seiner Rückkehr erkundigte sich der gottes-

25 *Bruder Pazifikus sieht in einer Vision den für den heiligen Franziskus bestimmten Himmelsthron*

fürchtige Mann eifrig, ob das geschehen sei, was er in bezug auf die Reliquien geboten habe. Die Brüder bekennen nun demütig ihre Schuld wegen Vernachlässigung des Gehorsams, erhalten eine Buße und Verzeihung.

Einmal kam er zum Bischof der Stadt Imola und bat ihn demütig, er möge erlauben, das Volk zur Predigt zusammenzurufen. Der Bischof erwiderte etwas hart: „Es genügt, Bruder, daß ich dem Volk predige." Der wahrhaft demütige Mann verbeugt sich und geht hinaus, kommt aber nach einer Stunde wieder. Als ihn nun der Bischof etwas erregt fragt, was er denn nochmals wolle, antwortete der Heilige mit demütigem Herzen und demütiger Stimme: „Mein Herr! Wenn der Vater seinen Sohn zur einen Türe hinaustreibt, so muß er durch die andere wieder hereinkommen." Von dieser Demut wurde der Bischof besiegt, umarmte ihn mit freundlicher Miene und sprach: „Du und alle deine Brüder haben von jetzt an die allgemeine Erlaubnis, in meinem Bistum zu predigen; denn dieses hat die heilige Demut verdient."

Auf seinen Reisen kam der Heilige einmal nach Arezzo, als eben die ganze Stadt durch Bürgerkrieg hart heimgesucht, dem Untergang nahe war. Seine Herberge hatte er in der Vorstadt, von wo er die Teufel voll Jubel über der Stadt schweben und die verwirrten Bürger zum gegenseitigen Morden antreiben sah. Um nun jene aufrührerischen Geister der Luft zu vertreiben, sandte er gleichsam als einen Herold den Pater Silvester, einen Mann mit der Einfalt einer Taube, mit den Worten: „Gehe vor das Stadttor und befiehl den Teufeln im Na-

26 *Die Entdeckung der verlorenen Reliquien*

men des allmächtigen Gottes und in Kraft des Gehorsams, daß sie eiligst von dannen ziehen." Der wahrhaft gehorsame Sohn beeilt sich, des Vaters Befehl zu vollziehen, kommt, Loblieder dem Herrn singend, vor das Tor der Stadt und ruft mit starker Stimme: „Im Namen des allmächtigen Gottes und auf Befehl seines Dieners Franziskus fliehet weit von hier, ihr Teufel alle." Sogleich kehrt Friede ein in die Stadt und der gesetzliche Zustand unter allen Bürgern wird in großer Ruhe wiederhergestellt.

Einmal wurde der Heilige von Kardinal Leo vom heiligen Kreuz gebeten, er möchte eine Zeitlang bei ihm in der Stadt bleiben; aus Ehrfurcht und Liebe zu demselben fügt er sich demütig seiner Bitte. Als er sich aber in der ersten Nacht nach dem Gebet schlafen legen will, kommen böse Geister herbei und machen einen wütenden Angriff auf den Diener Christi, schlagen ihn lange und heftig und lassen ihn zuletzt halb tot zurück. Nach ihrem Verschwinden ruft der Mann Gottes seinen Begleiter herbei, erzählt ihm den Hergang der Sache und fügt hinzu: „Ich glaube, mein Bruder, daß die Teufel, welche doch nichts können, als was die göttliche Vorsehung zuläßt, deshalb über mich so wütend hergefallen sind, weil mein Aufenthalt an den Höfen der Großen keine guten Früchte bringt. Hören meine Brüder, welche in armen Hütten wohnen, daß ich bei Kardinälen lebe, so könnten sie den Argwohn fassen, ich mischte mich in weltliche Dinge, fände Freude an Ehren und schwelgte in Vergnügungen. Darum halte ich es für besser, daß derjenige, welcher anderen zum Beispiel aufgestellt wird, die Höfe fliehe und unter demütigen Männern in demütigen Hüt-

27 *Der Bischof von Imola*
erlaubt dem heiligen Franziskus, zum Volk zu predigen

ten wohne, damit er Mangel leidend jene stark mache, welche in Mangel ihre Tage verbringen." In der Morgenfrühe entschuldigten sie sich demütig beim Kardinal und gingen von dannen.

Der heilige Mann verabscheute den Stolz als die Quelle aller Übel und den Ungehorsam als dessen schlimmsten Sprößling; desto mehr aber liebte er die demütige Buße. Einmal wurde ihm nun zur Bestrafung ein gewisser Bruder vorgestellt, der sich gegen den Gehorsam verfehlt hatte. Da aber der Mann Gottes aus offenbaren Zeichen den Bruder wahrhaft zerknirscht erkannte, wollte er ihm aus Liebe zur Demut verzeihen. Damit jedoch die Leichtigkeit, Verzeihung zu erlangen, anderen keine Veranlassung zu Übertretungen werde, so ließ er dem Bruder die Kapuze abnehmen und sie mitten ins Feuer werfen, auf daß alle erkennen, welch ein Fehler die Verletzung des Gehorsams sei und welch eine Strafe ihm gebühre. Nach einer Weile läßt er die Kapuze, die mitten im Feuer lag, herausnehmen und dem Bruder wieder geben. Nun siehe Wunder! Die Kapuze hatte auch nicht die mindeste Brandspur. So wollte Gott durch ein und dasselbe Wunder die Tugend des Heiligen und den Wert der demütigen Buße zeigen.

28 Der heilige Franziskus verscheucht die Teufel aus Arezzo

Seine Liebe zur Armut und Gottes wunderbare Hilfe in der Not

Niemand war je so begierig nach Gold als Franziskus nach der Armut; nie bewachte jemand so sorgfältig seine Schätze als er diese evangelische Perle hütete. Daher empfand er es vor allem immer schmerzlich, wenn er bei den Brüdern etwas gewahrte, was der Armut nicht in allem entsprach. Er selbst war vom Beginn seines Ordenslebens bis zu seinem Tod mit einem Habit, einem Gürtel und kurzen Beinkleidern zufrieden und hierin bestand sein ganzer Reichtum. Die Armut Christi und seiner Mutter betrachtete er oft unter Tränen. Als ihn seine Brüder einst fragten, welche Tugend uns Christus angenehmer mache, antwortete er, gleichsam das Geheimnis seines Herzens aufdeckend: „Wisset, meine Brüder, die Armut ist ein vorzüglicher Weg zum Heil, die Nahrung der Demut und die Wurzel der Vollkommenheit; ihre Frucht ist vielfältig, wenngleich verborgen; sie ist der im Acker verborgene Schatz, von dem der Herr im Evangelium spricht; um diesen Acker zu kaufen, muß man alles verkaufen und was sich nicht verkaufen läßt, muß man um ihretwillen verachten."

Aufgrund eines evangelischen Ausspruches lehrte er seine Brüder, nach Sitte der Armen ärmliche Hüttchen zu errichten und dieselben nicht als Eigentümer, sondern als Pilger und Fremdlinge zu bewohnen. Er ließ zuweilen Häuser, welche für die Brüder erbaut waren, niederreißen oder die Brüder von dort abziehen, wenn er in denselben etwas wahrnahm, was den Anstrich von Eigentum oder Prunk hatte und darum der evangelischen Armut zuwider war. Die Armut nannte er die Grundlage seines Ordens.

Darum lehrte auch er, gestützt auf göttliche Offenbarung, der Eintritt in den heiligen Orden müsse anfangen mit der Ausführung jenes evangelischen Rates: Wenn du vollkommen sein willst, so gehe hin, verkaufe alles, was du hast und gib es den Armen. Deshalb nahm er nur jene in den Orden auf, die sich des Eigentums entäußert und gar nichts zurückbehalten hatten.

Einmal war in dem Kloster Portiunkula so großer Mangel, daß die Brüder, die als Gäste ankamen, nicht bewirtet werden konnten, wie es notwendig war. Der Vikarius begibt sich nun zum Mann Gottes, stellt ihm die Dürftigkeit der Brüder vor und fügt die Bitte bei, er möge erlauben, daß man einige Sachen der Novizen, die eintreten wollten, annehme und aufbewahre, damit die Brüder dieselben zur Zeit der Not gebrauchen könnten. Aber der von Gott erleuchtete Mann antwortete: „Es sei fern von uns, mein liebster Bruder, daß wir aus Rücksicht auf irgendeinen Menschen gottlos und gegen die Regel handeln; ich will lieber, daß du, wenn die Not es erfordert, den Altar der glorreichen Jungfrau seines Schmuckes beraubst, als auch nur das Geringste gegen das Gelübde der Armut und die Beobachtung des Evangeliums unternimmst."

Einmal fand der heilige Mann mit seinem Begleiter auf einer Reise nach Apulien, nahe bei Bari, einen Geldbeutel, der voll von Geld zu sein schien. Der Begleiter dringt sehr in ihn, er möge den Geldbeutel aufheben und das Geld den Armen geben. Der Mann Gottes weigert sich und versichert, man würde in dem Beutel einen Betrug des Teufels finden, und er, der Bruder, rate zu einer sündhaften Sache, nämlich fremdes Eigentum zu nehmen und zu verschenken. Hierauf gehen sie von dannen und beeilen sich, das Ziel ihrer Reise zu erreichen. Jedoch der Bruder, von falscher Liebe getäuscht, ruht nicht. Endlich gibt der sanftmütige Heilige nach und geht zur Stelle zurück, wo der Geldbeutel liegt. Als er nun mit dem Bruder und einem Jüngling, der am Weg stand, dorthin gekommen war, betet er und befiehlt dann dem Ersteren, den Geldbeutel aufzuheben. Jetzt erschrickt der Bruder, indem er eine Vorempfindung von dem ungeheuren Betrug des Teufels hatte. Doch überwindet er alles Schwanken und streckt die Hand nach dem Geldbeutel aus. Nun siehe! Plötzlich kommt eine große Schlange aus demselben und gleich darauf ist die Schlange mit dem Beutel verschwunden. Jetzt sprach der heilige Mann zu dem Begleiter: „Mein Bruder! Geld ist für den Diener Gottes nichts anderes als der Teufel selber, als eine giftige Schlange."

Einmal hatte der heilige Mann, als er eine Reise nach Siena zu machen hatte, einen wunderbaren Vorfall. Es begegneten ihm nämlich in der großen Ebene zwischen Kampulien und St. Quirikus drei arme Frauen, an Größe, Alter und Aussehen einander vollkommen gleich. Sie grüßten ihn mit einem ganz neuen Gruß, indem sie sprachen: „Es gehe der Herrin Armut gut!" Bei diesem Gruß wurde der wahre Liebhaber der Armut von unaussprechlicher Freude erfüllt, weil ihm kein Gruß angenehmer war als der, welchen die Frauen ihm brach-

29 *Die Begegnung des heiligen Franziskus mit den drei Frauen*

ten. Plötzlich verschwanden die drei Frauen und die Begleiter, welche die wunderbare Ähnlichkeit unter denselben, die Neuheit des Grußes, das plötzliche Erscheinen und Verschwinden derselben erwogen, zogen den richtigen Schluß, diese Erscheinung müsse etwas Geheimnisvolles bedeuten und auf den heiligen Mann Bezug haben. Und in der Tat, jene drei armen Frauen, welche Franziskus begegneten, die so ähnlich an Gestalt, so ungewöhnlich ihn grüßten und so plötzlich verschwanden, versinnbildlichen wohl die herrliche Schönheit der evangelischen Vollkommenheit, die in der Keuschheit, dem Gehorsam und der Armut besteht, und zeigen recht passend an, daß diese drei Tugenden in gleicher Pracht am Mann Gottes glänzten, wiewohl er sich vor allem in der Armut rühmte. Als ihm einst auf der Reise ein sehr armer Mann begegnete, wurde er beim Anblick der Blöße desselben im Herzen gerührt und sprach zu seinem Begleiter mit klagender Stimme: „Dieses Mannes Dürftigkeit flößt mir große Beschämung ein; denn wir haben statt großer Reichtümer die Armut erwählt, und siehe! An jenem leuchtet sie mehr hervor als an uns."

Wurde er von großen Herren zur Tafel gebeten und mit kostbaren Gerichten geehrt, so bettelte er in den Nachbarhäusern um Brotstücke und mit dieser Dürftigkeit bereichert, setzte er sich zu Tisch. Wenn er die Brüder zuweilen zum Almosensammeln aufmunterte, so pflegte er sich dieser Worte zu bedienen: „Geht und bettelt um Almosen; denn in dieser letzten Stunde sind die Minderbrüder der Welt geschenkt, damit die Auserwählten an ihnen das erfüllen, um dessentwillen sie vom

30 *Der heilige Franziskus bittet um Almosen*

Richter gelobt und jenes überaus süße Wort hören werden: Was ihr einem aus diesen meinen geringsten Brüdern getan habt, das habt ihr mir getan." Auch an den vorzüglichen Festen pflegte er zum Betteln auszugehen, wenn Gelegenheit hierzu da war, und sagte, an den heiligen Armen erfülle sich das Wort des Propheten: Engelsbrot hat der Mensch gegessen. Jenes Brot, versicherte er, sei fürwahr Engelsbrot, welches die heilige Armut von Tür zu Tür um der Liebe Gottes willen erbitte, und unter dem Zuspruch der Engel auch aus Liebe zu Gott gegeben werde.

Einmal befand er sich am heiligen Ostertag in einer Einsiedelei, die von Wohnhäusern so weit entfernt lag, daß er nicht gut betteln konnte. Eingedenk des Herrn, der an diesem Tag den Jüngern, die nach Emmaus gingen, unter der Gestalt eines Fremden erschien, bittet er jetzt wie ein Fremder und Armer seine Brüder um Almosen. Nachdem er aus den Händen seiner Brüder die Gaben demütig empfangen hatte, unterweist er sie in heiliger Unterredung, ermahnt sie, als Pilger und Fremdlinge durch die Wüste dieser Welt zu wandern und als wahre Hebräer das Passah des Herrn, d. h. den Hingang aus dieser Welt zum Vater, in Armut des Geistes stets zu feiern.

Es lag der Diener Gottes in Nocera einmal schwer krank darnieder und wurde von einer Gesandtschaft, welche die Bürger von Assisi aus Verehrung gegen den Heiligen dorthin geschickt hatten, feierlich nach der Stadt gebracht. Der Weg führte durch ein armes Dorf, Sartiano genannt. Da es eben Mittagszeit war und der Hunger quälte, so gingen die abgesandten Männer hin,

Speise zu kaufen, konnten aber nichts erlangen und kehrten leer zurück. Nun sprach der heilige Mann: „Darum habt ihr keine Speise gefunden, weil ihr mehr auf eure Mücken als auf den Herrn vertraut." Mücken nannte er nämlich das Geld. „Indes kehrt zurück und bittet demütig um Almosen, indem ihr die Liebe Gottes als Preis anbietet; laßt euch nicht leiten von falscher Meinung und haltet das Betteln nicht für beschämend oder gemein; denn nach der Sünde ist alles, was wir haben und empfangen, ein Almosen, das jener große Almosengeber Würdigen und Unwürdigen mit freigebiger Liebe spendet." Jetzt legen sie ihre Scham ab und bitten gerne um Almosen und erhalten mehr für die Liebe Gottes als für ihr Geld.

Ein anderes Mal lag der Heilige krank in der Einsiedelei nahe bei Rieti und ein gewisser Arzt besuchte ihn fleißig. Da aber der Arme Christi nichts hatte, was er dem Arzt für seine Mühe geben konnte, so bezahlte der überaus freigebige Gott, der jenen Liebesdienst auch schon in diesem Leben vergelten wollte, anstatt seines armen Dieners durch ein ganz neues Wunder. Das Haus, das der Arzt sich neu erbaut, hatte nämlich von oben bis unten Risse in den Wänden, die so schlimm waren, daß es durch menschliche Kunst nicht möglich zu sein schien, dasselbe vor dem Einsturz zu bewahren. Der Arzt hatte aber vollkommenes Vertrauen zu den Verdiensten des heiligen Mannes und bat mit recht gläubiger Verehrung dessen Genossen, sie möchten ihm etwas geben, was der Mann Gottes mit seinen Händen berührt habe. Nach inständigen Bitten erhält er einige Haare des Heiligen, welche er am Abend in die Risse der Mauer legt. Als er aber am anderen Morgen aufsteht, findet er jene Risse so dicht geschlossen, daß er die herausstehenden Haare nicht ausreißen, noch irgendeine Spur des früheren Risses entdecken konnte. So verhütete jener Mann, der den hinfälligen Leib des Dieners Gottes sorgsam pflegte, den Einsturz seines eigenen Hauses.

Ein anderes Mal wollte der Mann Gottes sich nach einer Einsiedelei begeben, um dem Gebet ungestörter obliegen zu können. Da er aber schwach war, so ritt er auf dem Esel eines armen Mannes. Es war eben ein recht heißer Sommertag und jener arme Mann folgte dem Diener Christi den Berg hinauf. Ganz ermüdet von dem sehr rauhen und langen Weg und erschöpft von brennend heißem Durst, rief er dem Heiligen nach: „Ich sterbe vor Durst, wenn ich nicht alsbald mit einem Trunk erfrischt werde." Ohne Zögern sprang der Mann Gottes vom Esel, kniete nieder und betete, die Hände zum Himmel erhoben, so lange, bis er erkannte, von Gott erhört zu sein. Nach vollendetem Gebet sprach er zum Mann: „Gehe eilig zu jenem Felsen, dort wirst du Quellwasser finden, das dir Christi Barmherzigkeit in dieser Stunde zu trinken gibt." O staunenswerte Herablassung Gottes, der sich so leicht seinen Dienern gefällig zeigt! Der durstige Mensch trinkt Wasser, das durch des Gebetes Kraft aus dem Felsen sprudelt, und schöpft aus dem harten Stein sich den Trank. Zuvor war hier keine Quelle und auch später konnte man keine finden, wiewohl man sorgfältig danach suchte.

31 *Der heilige Franziskus läßt Wasser aus einem Felsen treten*

Seine innige Frömmigkeit und wie die vernunftlosen Geschöpfe ihm anhingen

Da er mit so zarter Liebe nach der Rettung der Seelen strebte und von glühendem Eifer für sie entbrannt war, so glaubte er sich, wie er sagte, von den süßesten Wohlgerüchen erfüllt und gleichsam mit kostbaren Salben gesalbt, wenn er hörte, wie der gute Ruf heiliger Brüder, die über die ganze Welt zerstreut waren, viele auf den Weg der Wahrheit zurückführte. Hörte er von solchen Brüdern, dann frohlockte er im Geist und überschüttete sie mit Segenswünschen, weil sie durch Wort und Tat die Sünder zur Liebe Christi führten. Die aber den heiligen Orden durch schlechten Wandel befleckten, über diese sprach er den schrecklichsten Fluch. Wegen des Ärgernisses der Kleinen wurde er häufig von solchem Kummer erfüllt, daß er glaubte, sterben zu müssen, wenn ihn die göttliche Milde mit ihrem Trost nicht unterstützt hätte. Als er einmal wegen des schlechten Beispiels einiger im Geist ganz verwirrt war und den Vater der Erbarmung anflehte für seine Kinder, erhielt er vom Herrn die Antwort: „Warum verwirrst du dich, du armes Menschlein? Habe ich dich denn so über den Orden gestellt, daß du nicht wüßtest, ich sei der Hauptbeschützer desselben? Dazu habe ich gerade dich, einen einfältigen Menschen, aufgestellt, auf daß die Werke, die ich an dir getan habe, nicht menschlicher Tätigkeit, sondern meiner Gnade beigelegt würden. Ich habe berufen, ich werde erhalten und weiden, und wenn einige abfallen, so werde ich andere an ihre Stelle setzen und sollten sie noch nicht geboren sein, so will ich sie geboren werden lassen; von welchen Stürmen auch immer dieser arme Orden erschüttert werden mag, durch meine Gnade wird er immer erhalten bleiben."

Das Laster der Ehrabschneidung verabscheute er wie den Biß einer Schlange und versicherte, es sei die schlimmste Pest und ein Abscheu vor dem gütigen Gott, weil der Verleumder sich nähre mit dem Blut der Seelen, die er mit dem Schwert der Zunge töte. Als er einmal einen Bruder den guten Ruf eines anderen anschwärzen hörte, wandte er sich an seinen Vikarius und sprach zu ihm: „Gehe, gehe und forsche der Sache fleißig nach; solltest du den angeklagten Bruder unschuldig finden, so züchtige den Ankläger mit schwerer Strafe zum Beispiel für andere." Zuweilen ließ er jenem, welcher seinen Bruder des guten Rufes beraubt hatte, den Habit abnehmen; auch sagte er, der Verleumder könne die Augen nicht zum Herrn erheben, bevor er nicht nach Kräften zu erstatten suche, was er weggenommen habe; und die Bosheit der Verleumder sei um so viel größer als die der Räuber, als das Gesetz Christi, dessen Erfüllung in der Beobachtung der Liebe besteht, uns anhält, mehr für das geistige als für das leibliche Wohl des Nächsten zu sorgen.

Einmal bat ein Armer etwas ungestüm um Almosen und erhielt deshalb von einem Bruder einen ziemlich harten Bescheid. Als der fromme Liebhaber der Armen dieses hörte, befahl er dem Bruder, sich nackt dem Armen zu Füßen zu werfen, seine Schuld zu bekennen und ihn um seine Fürbitte im Gebet und um Vergebung zu bitten. Demütig erfüllte der Bruder den Befehl und jetzt sprach der Vater voll Sanftmut: „Wenn du einen Armen siehst, mein Bruder, so wird dir wie im Spiegel vorgestellt Christus und seine arme Mutter. Desgleichen betrachte in den Kranken die Schwachheiten, die Christus angenommen hat." Als der Heilige einst auf seiner Rückreise von Siena einem Armen begegnete und er eben wegen Schwäche über dem Habit noch einen kleinen Mantel trug, sprach er zu seinem Begleiter, beim Anblick der Dürftigkeit des Armen von Mitleid gerührt: „Den Mantel müssen wir diesem Armen zurückgeben, denn er gehört ihm; uns wurde er ja nur geliehen bis wir einen Ärmeren fänden." Da jedoch der Begleiter des heiligen Vaters Bedürfnis wohl kannte, so widersetzte er sich hartnäckig und sagte, er solle nicht für andere sorgen und dabei sich selbst vernachlässigen. Aber der Heilige erwiderte: „Für einen Diebstahl würde es mir von dem großen Almosengeber angerechnet werden, wenn ich das, was ich trage, nicht dem geben würde, der dürftiger ist als ich bin." Alles gab er, wenn er nur konnte, den Dürftigen, um die Pflicht der Liebe zu erfüllen. Begegnete er armen Leuten, die schwere Lasten trugen, so nahm er sie ihnen sehr oft ab und legte sie auf seine schwachen Schultern.

Weil er aber bei allen Wesen den ersten Ursprung betrachtete, so wurde er ganz voll Liebe gegen alle, auch die geringsten Geschöpfe, und hieß sie Brüder und Schwestern; er wußte ja wohl, daß sie mit ihm denselben Urheber haben. Jedoch inniger und zärtlicher liebte er jene Wesen, welche von Natur eine Ähnlichkeit mit der liebevollen Sanftmut Christi haben und darum auch in der

Heiligen Schrift dieselbe vorbilden. Oft befreite er Lämmer, die man schlachten wollte, indem er sich jenes sanftmütigsten Lammes erinnerte, das zur Schlachtbank geführt werden wollte, um die Sünder zu erlösen. Einmal herbergte der Diener Gottes im Kloster des heiligen Verecundus in der Diözese Gubbio. In derselben Nacht nun brachte ein Schäflein ein Junges zur Welt; aber ein Schwein, das in der Nähe war, tötete mit gierigem Biß das Lämmlein. Als der liebe Vater dieses vernahm, wurde er von Mitleid gerührt und sich an das makellose Lamm erinnernd bejammerte er vor allen den Tod des Lämmleins und sprach: „Wehe mir, Bruder Lämmlein, unschuldiges Tierchen; du stellst uns Menschen Christus dar. Verflucht sei jenes grausame Ungeheur, das dich getötet hat; weder Mensch noch Tier soll von seinem Fleisch essen." Fürwahr wunderbar! Sogleich erkrankt das mit dem Fluch beladene Schwein und verendet nach dreitägiger Krankheit; eine Strafe für seine Grausamkeit. Man wirft es in eine Grube beim Kloster, wo es lange liegt; es trocknet aus wie ein Brett, ohne daß ein hungriges Tier davon frißt.

Auf der Reise traf er bei Siena eine große Schar Schafe auf der Weide und grüßte sie seiner Gewohnheit gemäß freundlich. Nun verlassen alle die Weide und laufen zu ihm, erheben Kopf und Augen und sehen ihn an, zeigen durch ihr ganzes Benehmen eine so große Zuneigung zu ihm, daß die Hirten und seine Brüder sich sehr wundern, wie sie Schafe und Lämmer und selbst die Böcke so wunderbar froh um ihn sahen.

Zu Portiunkula wurde dem Mann Gottes ein Schaf gebracht, das er auch dankbar annahm aus Liebe zur Unschuld und Einfalt, welche die Natur des Schafes versinnbildlicht. Der fromme Mann ermahnte das Schäflein, es möge sich auf das Lob Gottes verlegen, aber die Brüder in nichts belästigen. Es war, als hätte das Schaf die Frömmigkeit des Mannes Gottes erkannt; denn mit aller Sorgfalt beobachtete es seine Unterweisung. Hörte es nämlich die Brüder im Chor singen, so ging es selbst in die Kirche, beugte seine Knie, ohne von jemandem dazu angeleitet worden zu sein, und blökte vor dem Altar der jungfräulichen Mutter des Lammes Gottes, gleich als wollte es dieselbe freundlich grüßen. Noch mehr: wenn der hochheilige Leib Christi bei der Feier der heiligen Messe erhoben wurde, bog das andächtige Tier die Knie, gleich als wollte es die Unandächtigen wegen ihrer mangelhaften Andacht tadeln und die Andächtigen zur Verehrung des heiligen Sakramentes einladen. So war das Schaf, gleichsam ein Schüler des Franziskus, nunmehr ein Lehrer der Andacht geworden und wurde deshalb als ein wunderbares und liebenswürdiges Tier bewahrt.

Bei Greccio wurde dem Mann Gottes ein Hase gebracht. Man setzte ihn auf die Erde, so daß er frei entfliehen konnte, wohin er nur wollte; der liebe Vater ruft ihn und flugs springt er an seinen Busen; jetzt streichelt er ihn liebevoll und scheint Mitleid mit ihm zu haben wie eine Mutter, redet ihn an mit süßen Worten, er solle sich nicht wieder fangen lassen und erlaubt ihm, frei davonzulaufen. Mehrmals setzt man ihn auf die Erde, damit er fortlaufe, aber immer kehrt er an den Busen des Vaters zurück, gleichsam als hätte er durch ein geheimes Gefühl dessen Frömmigkeit erkannt; endlich wird er auf

32 *In der Nähe von Siena läuft eine Herde von Schafen dem heiligen Franziskus zu*

Befehl des Vaters von den Brüdern an einen einsamen und sicheren Ort getragen.

Auf seiner Reise durch die Sümpfe Venetiens traf er viele Vögel, die im Gebüsch saßen und sangen. Als er sie erblickte, sprach er zu seinem Begleiter: „Die Vögel, unsere Schwestern, loben ihren Schöpfer; laß uns mitten unter sie gehen, den Herrn loben und das Stundengebet singen." Sie gehen in der Tat mitten unter die Vögel, ohne daß sie von dort wegfliegen. Weil sie aber wegen vielen Zwitscherns einander nicht verstehen konnten, so wandte sich der heilige Mann zu den Vögeln und sprach: „Meine Schwestern, ihr Vöglein, lasset das Singen, bis wir dem Herrn das schuldige Lob dargebracht haben." Sogleich verstummten die Vögel und schwiegen so lange bis der Mann Gottes mit Muße das Stundengebet und das Lob Gottes vollendet hatte; dann erlaubte er ihnen wieder zu singen und alsbald sangen sie nach ihrer Weise wie früher.

Während er in Siena krank darniederlag, schickte ihm ein vornehmer Herr einen lebenden Fasan, den er vor kurzem gefangen hatte; sobald das Tier den heiligen Mann hörte und sah, zeigte es eine solche Zutraulichkeit gegen ihn, daß es sich von ihm auf keine Weise trennen ließ; denn mehrmals wurde der Fasan außerhalb des Klosters in einen Weinberg gebracht, um nach Belieben fortfliegen zu können, aber jedesmal kehrte er in schnellem Flug zum Vater zurück, als wäre er von ihm aufgezogen. Endlich schenkte man ihn einem Mann, der aus Hochachtung den Diener Gottes oft besuchte; aber jetzt nahm der Vogel gar kein Futter mehr, als wäre es ihm unerträglich, fern zu sein von des lieben Vaters Anblick.

33 *In Greccio läuft dem heiligen Franziskus ein Hase zu*

Man trug ihn also zum Diener Gottes zurück und sobald er ihn erblickte, zeigte er in seinen Gebärden Freude und fraß gierig das vorgelegte Futter.

Als der Heilige zu der Einsiedelei auf dem Berg Alverno kam, um hier zu Ehren des heiligen Michael vierzig Tage zu fasten, umflogen vielerlei Vögel seine Zelle, stimmten wohltönende Lieder an und machten freudige Gebärden, als wenn sie über die Ankunft frohlockten, und schienen hierdurch den lieben Vater einladen und gleichsam anlocken zu wollen, längere Zeit bei ihnen zu bleiben. Bei diesem Anblick sagt er zu seinem Genossen: „Ich sehe, Bruder, es ist der Wille Gottes, daß wir eine Zeitlang hier verbleiben; denn gar sehr scheinen die Vögel, unsere Schwestern, über unsere Ankunft sich zu freuen." Während sie nun dort wohnen blieben, war besonders ein Falke, der dort nistete, ihm in großer Freundschaft zugetan. Denn immer kündete er die Stunde, wann der Heilige aufzustehen gewohnt war, um das heilige Breviergebet zu verrichten, durch sein Geschrei im voraus an. Dieser Dienst war dem Mann Gottes höchst angenehm, weil die so große Sorgfalt des Falken um ihn jede Unlust und Schläfrigkeit bei ihm entfernte. Wenn aber Krankheiten ihn mehr als gewöhnlich belästigten, dann schlug er schonend, gleichsam von Gott unterrichtet, erst zur späteren Stunde an und ließ nur gegen die Dämmerung die Glocke seiner Stimme mit leisen Schlägen ertönen.

Um eben diese Zeit verweilte der Heilige in der Einsiedelei von Greccio, wo die Bewohner der Umgegend von vielfachen Übeln heimgesucht wurden. Denn viele raubgierige Wölfe zerrissen hier nicht bloß Tiere, sondern

34 Der heilige Franziskus bittet die Vögel um Ruhe, damit er beten kann

auch Menschen, und Hagelschauer verwüsteten alljährlich Felder und Weinberge. In einer Predigt sagte nun der Herold des heiligen Erbarmens zu den geplagten Leuten: „Zur Ehre und zum Lob des allmächtigen Gottes befehle ich euch, zu vertrauen, daß diese ganze Plage aufhören, und Gott auf euch gnädig herabblicken und euch an zeitlichen Gütern reichlich segnen wird, wofern ihr mir nur glaubt, euch eurer erbarmt, aufrichtig beichtet und würdige Früchte der Buße bringt. Aber auch dieses verkünde ich euch: Wenn ihr undankbar gegen Gottes Wohltaten zu dem ausgespieenen Unrat der Sünden zurückkehrt, dann wird die Plage wiederkommen, die Strafe sich verdoppeln und Gottes Rache euch noch härter heimsuchen." Die Leute taten auf seine Mahnung hin Buße, und von dieser Stunde an hörte die Verheerung auf, es schwand die Gefahr und weder Wölfe noch Hagel verursachten irgendwelchen Schaden. Ja, was noch mehr ist, wenn Hagelschauer die Nachbargefilde verwüsteten, so blieben die Wolken entweder an der Grenze dieser Gegend stehen oder nahmen eine andere Richtung.

35 *Ein Falke weckt den heiligen Franziskus zum Breviergebet*

Seine innige Liebe
und seine Sehnsucht nach dem Martyrium

Jesus Christus, der Gekreuzigte, ruhte immer wie ein Myrrhen-Büschlein an seinem Herzen; in den Gekreuzigten wollte er ganz umgewandelt werden durch den Brand der glühendsten Liebe. Ganz besonders verehrte er den Heiland vom Fest der heiligen Dreikönige bis zur vierzigtägigen Fasten, während welcher Zeit Christus der Herr in der Wüste verborgen war; dann ging auch er in die Wüste, schloß sich ein in die Zelle, fastete, so streng er konnte, durch Enthaltsamkeit von Speise und Trank und beschäftigte sich ohne Unterlaß mit Gebet und Lobgesängen zur Ehre Gottes. Er kommunizierte oft und mit solcher Andacht, daß er auch andere zur Andacht stimmte. Die Mutter unseres Herrn Jesu Christi umfing er mit unaussprechlicher Liebe, weil sie ja den Herrn der Herrlichkeit zu unserem Bruder gemacht und wir durch sie Barmherzigkeit erlangt haben. Auf Maria setzte er nach Christus ein besonderes Vertrauen und sie erwählte er zu seiner und der Seinigen Fürsprecherin und ihr zu Ehren fastete er mit großer Andacht vom Fest der Apostel Petrus und Paulus bis zum Fest Mariä Himmelfahrt. Und da der heilige Erzengel Michael, dem frommen Glauben gemäß, die Seelen der Hingeschiedenen zu Gott zu bringen hatte, so war er ihm in besonderer Liebe zugetan, weil er einen so feurigen Eifer für die Rettung der Auserwählten hatte. Alle Apostel und besonders Petrus und Paulus verehrte er mit der größten Andacht,

36 St. Peter und Paul

weil sie eine glühende Liebe zu Christus hatten, und aus Verehrung und Liebe zu ihnen fastete er andere vierzig Tage.

Der arme Diener Christi hatte nichts anderes, was er in freigebiger Liebe seinem Heiland darbringen konnte, als seinen Leib und seine Seele. Aber diese brachte er aus Liebe zu Christus fortwährend so vollkommen zum Opfer dar, daß er gleichsam zu jeder Zeit seinen Leib schlachtete durch strenges Fasten und seine Seele opferte durch die Glut heiliger Begierden. Er glaubte, kein Freund Christi zu sein, wenn er sich der Seelen nicht annähme, die der Sohn Gottes erkauft habe. Nichts, sagte er, sei dem Heil der Seelen vorzuziehen. Aus Liebe zu den Seelen rang er im Gebet, reiste er umher und predigte und kannte kein Maß, wo es galt, ein gutes Beispiel zu geben. Tadelte man seine übergroße Strenge, so erwiderte er, er sei anderen zum Beispiel gegeben.

Entzündet von jener vollkommenen Liebe, welche die Furcht verbannt, verlangte er durch das Feuer des Märtyrertums sich dem Herrn zum lebendigen Opfer darzubringen, um Christus, der für uns gestorben ist, seine Liebe zu vergelten und andere zur Liebe Gottes anzufeuern. Im sechsten Jahr seiner Bekehrung entschloß er sich, nach Syrien zu schiffen, um dort den Sarazenen und anderen Ungläubigen den katholischen Glauben und die Buße zu predigen. Als er aber zu Schiff dorthin reisen wollte, wurden sie durch widrige Winde genötigt, an der Küste Slavoniens zu landen. Hier wartete er einige Zeit vergebens auf ein Schiff, das ihn in jene Gegenden bringen sollte; und da er nun erkannte, seinen Entschluß nicht ausführen zu können, bat er einige Schif-

37 *Der heilige Franziskus schifft sich in Ancona zum Kreuzzug ein*

fer, die nach Ancona segelten, sie möchten ihn um der Liebe Gottes willen mit sich nehmen. Da man jedoch diese Bitte hartnäckig verweigerte, weil er die Reise mit Geld nicht bezahlen konnte, so ging der Mann Gottes im festen Vertrauen auf die Güte des Herrn heimlich aufs Schiff und verbarg sich daselbst. Inzwischen soll jemand von Gott gesendet worden sein, der die notwendigsten Lebensmittel für die Armen Christi herbeigebracht und einem gottesfürchtigen Matrosen übergeben hat. Während der Überfahrt erhob sich nun ein so gewaltiger Sturm, daß die Schiffer viele Tage nirgends landen konnten; alle Speisevorräte wurden aufgezehrt und es blieb nichts anderes übrig als das Almosen, das dem armen Franziskus vom Himmel gesandt war. Wiewohl nun dieses Almosen gering war, so wurde es doch durch göttliche Kraft so vermehrt, daß es viele Tage hindurch für die Bedürfnisse aller vollkommen hinreichte, bis man zum Hafen von Ancona kam. Jetzt erkannten die Schiffer, daß sie durch den Diener Gottes vielen Lebensgefahren entflohen seien; und weil sie die großen Schrecknisse des Meeres empfunden und das wunderbare Wirken des Herrn in den Fluten gesehen hatten, dankten sie dem allmächtigen Gott. Der Heilige verließ nun das Schiff und durchreiste jene Gegenden, streute dort den Samen des Heils aus und sammelte reichliche Garben ein.

Dann unternahm er die Reise nach Marrochium, um dem Fürsten Miramolin und seinem Volk das Evangelium Christi zu predigen und, wo möglich, die ersehnte Märtyrerpalme zu erlangen. Jedoch in Spanien angelangt, überfiel ihn nach göttlicher Fügung, die ihn für andere Dienste aufbewahrte, eine sehr schwere Krankheit, durch die er an der Ausführung seines Wunsches gehindert wurde. Wie nun der Mann Gottes erkannte, daß sein leibliches Leben dem Orden, den er gegründet hatte, noch notwendig sei, so kehrte er, obgleich er den Tod für sich als Gewinn betrachtete, zurück, um die Schafe zu weiden, die seiner Sorgfalt anvertraut waren.

Jedoch der Liebesbrand trieb heftig seinen Geist zum Märtyrertod und zum dritten Mal suchte er zu den Ungläubigen zu reisen, um durch Vergießung seines Blutes den Glauben an den dreieinigen Gott zu verbreiten. Im dreizehnten Jahr seiner Bekehrung begab er sich unter vielen Gefahren nach Syrien, um Saladin, dem Fürsten von Babylon, das Evangelium zu predigen. Zwischen den Christen und Sarazenen war nämlich damals ein erbitterter Krieg entbrannt und die Heere standen beiderseits zum Angriff einander gegenüber, so daß man ohne Lebensgefahr nicht von einem Lager zum anderen gelangen konnte. Auch hatte der Sultan den grausamen Befehl erlassen, wer immer den Kopf eines Christen brächte, sollte einen Byzantiner in Gold zum Lohn erhalten. Zum Begleiter nahm Franziskus den Bruder Illuminatus (der Erleuchtete), einen Mann voll Licht und Tugend; und da sie eine Strecke gegangen waren, und zwei Schäfchen ihnen begegneten, wurde der Heilige froh und sprach zu seinem Begleiter: „Vertraue, mein Bruder, auf den Herrn! Denn an uns wird sich das Wort des Evangeliums erfüllen: Siehe, ich sende euch wie Schafe mitten unter die Wölfe.“ Als sie weiter gingen, begegneten sie Trabanten des Sultan, diese fielen gar schnell und wütend über sie her wie Wölfe über die Schafe, mißhandelten sie grausam und verächtlich, überhäuften sie mit

Schimpfworten und Schlägen und fesselten sie endlich. Nach vielfältigen Mißhandlungen und Roheiten wurden sie durch göttliche Fügung zum Sultan geführt, wie der Heilige gewünscht hatte. Auf die Frage des Fürsten, von wem, wozu und wie sie geschickt und wie sie hergekommen wären, antwortete unerschrocken der Diener Christi: „Nicht von Menschen, sondern von Gott, dem Allerhöchsten, bin ich gesandt, dir und deinem Volk den Weg des Heils zu zeigen und das Evangelium zu predigen."

Hierauf predigte er dem Sultan, und als der Sultan in dem Mann Gottes den wunderbaren Eifer und die Kraft des Geistes erblickte, hörte er ihn gerne und lud ihn sehr dringend ein, längere Zeit bei ihm zu bleiben. Aber der von Gott erleuchtete Mann erwiderte: „Wenn du mit deinem Volk dich zu Christus bekehren willst, dann bleibe ich gerne aus Liebe zu Christus bei dir. Solltest du jedoch Bedenken haben, wegen des Glaubens an Christus das Gesetz Mohammeds zu verlassen, so lasse einen sehr großen Scheiterhaufen anzünden und ich will mit deinen Priestern ins Feuer gehen, damit du wenigstens auf diese Weise erkennst, welcher Glaube sicherer und heiliger sei und welchen man also mit Recht annehmen müsse." Der Sultan antwortete: „Ich glaube nicht, daß einer von meinen Priestern gewillt ist, zur Verteidigung des Glaubens sich dem Brand des Feuers auszusetzen oder andere Martern zu ertragen." Er hatte nämlich gesehen, wie einer von den Priestern, ein alter und angesehener Mann, bei diesen Worten die Versammlung eiligst verließ. Jetzt sprach der Heilige: „Wenn du mir für dich und dein Volk versprichst, den katholischen Glauben anzunehmen, wofern ich unversehrt aus dem Feuer hervorgehe, so will ich allein ins Feuer gehen. Sollte ich verbrannt werden, so schreibe das meinen Sünden zu; wenn mich aber die Kraft Gottes beschützt, dann anerkenne gläubig, daß Christus ist die Kraft und Weisheit Gottes, wahrer Gott, der Erlöser aller Menschen." Der Sultan erwiderte, er wage diesen Vertrag nicht einzugehen, weil er einen Volksaufstand fürchte. Doch bot er kostbare Geschenke an, die der Mann Gottes, nicht begierig nach weltlichen Dingen, sondern dürstend nach dem Heil der Seelen, alle wie Kot verachtete. Wie nun der Sultan den heiligen Mann alle weltlichen Schätze so vollkommen verachten sah, wurde er von Staunen ergriffen und faßte noch größere Verehrung für den heiligen Franziskus; und obschon er die christliche Religion nicht annehmen wollte oder auch wohl nicht anzunehmen wagte, so bat er doch den Diener Christi ehrerbietig, er möge die erwähnten Geschenke annehmen und sie an arme Christen oder Kirchen verteilen, ihm zum Heil. Weil er aber vor der Last des Geldes floh und in dem Herzen des Sultan keine Wurzel wahrer Frömmigkeit antraf, so nahm er durchaus nichts an; und da er zugleich erkannte, daß er dieses Volk nicht bekehren noch die erwünschte Märtyrerkrone erlangen könnte, so kehrte er auf göttliche Offenbarung in das Land der Gläubigen zurück.

Sein eifriges und machtvolles Beten

Da der Diener Christi Franziskus dem Leib nach sich fern von Gott erkannte, auch durch die Liebe zu Christus für die Güter dieser Welt ganz unempfindlich geworden war, so suchte er durch beständiges Beten seinen Geist bei Gott zu haben, um nicht ohne allen Trost des Geliebten zu sein. Denn Trost war das Gebet dem Mann, auch Schutz und Stärke, denn in allem, was er tat, vertraute er nicht auf eigenen Fleiß, sondern auf Gottes Güte und warf durch anhaltendes und inständiges Gebet alle seine Sorgen auf den Herrn. Mochte er gehen oder stehen, zu Hause oder draußen sein, arbeiten oder ruhen, stets betete er, und zwar mit solcher Aufmerksamkeit, daß er dem Gebet nicht bloß alle Kräfte des Leibes und der Seele, sondern auch alle seine Zeit und Mühe geweiht zu haben schien.

Oftmals wurde er während der Beschauung so sehr verzückt, daß er über sich selbst erhoben ohne alle menschliche Empfindung war und nicht wußte, was um ihn her vorging. So reiste er einmal, wegen körperlicher Schwäche auf einem Esel sitzend, durch einen sehr volkreichen Ort. Aus Verehrung gegen ihn lief das Volk in Scharen ihm entgegen; die Leute zogen und hielten ihn, drückten und berührten ihn vielfach; er aber schien wie ein Leichnam gegen alles unempfindlich zu sein und merkte durchaus nichts von dem, was um ihn her vorging. Als sie den Ort schon weit hinter sich und die

38 Der heilige Franziskus in Ekstase

Leute sich schon wieder verlaufen hatten, kam der Heilige aus der Beschauung himmlischer Dinge wieder zu sich, eben an der Stelle, wo ein Hospital für Aussätzige stand, und fragte besorgt, wann sie zu jenem Flecken kommen würden. Der Blick seines Geistes hatte sich nämlich so fest auf die Strahlen des himmlischen Lichtes geheftet, daß er nicht den Wechsel der Orte und Zeiten, nicht die Menge der herbeieilenden Menschen wahrnahm.

Wenn der Mann Gottes einsam war, erfüllte er die Wälder mit Seufzen, benetzte die Erde mit Tränen, schlug mit der Hand an die Brust und redete mit dem Herrn so vertraulich, als befände er sich in einem geheimen Gemach mit ihm. Hier sah man ihn zur Nachtzeit beten, die Hände kreuzweise ausgestreckt, mit dem ganzen Leib von der Erde erhoben und rings umflossen von einer helleuchtenden Wolke. Und so war das wunderbare Licht, das seinen Leib umstrahlte, ein Zeugnis von der wunderbaren Erleuchtung im Innern seines Geistes. Hier wurden ihm auch, wie sichere Anzeichen beweisen, die Geheimnisse der göttlichen Weisheit enthüllt.

Kehrte er von seinen besonderen und geheimen Andachtsübungen zurück, wobei er fast in einen anderen Mann umgewandelt wurde, so war er beflissen, sich den Übrigen gleichförmig zu machen, damit jenes Gute, das er äußerlich zeigte, innerlich nicht des Lohnes beraubt werde durch das sanfte Säuseln eitler Ehre. Wurde er öffentlich von des Herrn Heimsuchungen überrascht, so hielt er den Umstehenden immer etwas vor, damit es äußerlich nicht bekannt werde, wie traulich der himmlische Bräutigam ihn an sich zog. Beim Gebet unter den

39 Der Bischof von Assisi unterbricht den heiligen Franziskus beim Gebet

Brüdern vermied er durchaus alles Räuspern, Seufzen, Gähnen und andere auffällige äußere Gebärden, teils weil er die Stille liebte, teils weil er innerlich gesammelt ganz zu Gott gezogen wurde.

Während der Mann Gottes bei Portiunkula einmal im Gebet lag, kam der Bischof von Assisi wie gewöhnlich, ihn zu besuchen. Kaum war er im Kloster angekommen, als er allzu vertraut zu der Zelle ging, wo der Diener Christi betete. Er klopft an das Türchen und sucht sich hineinzudrängen. Jedoch kaum hat er den Kopf drinnen und den Heiligen im Gebet erblickt, als er plötzlich von gewaltigem Schrecken ergriffen wird, seine Glieder erstarren und er verliert sogar die Sprache; auch wird er im Nu durch göttlichen Willen mit Gewalt aus der Zelle gestoßen und weit weg rückwärts gezogen. Erschrocken eilte der Bischof, so gut er konnte, zu den Brüdern zurück, wo Gott ihm die Sprache wiedergab und er seine Schuld bekannte.

Einmal begegnete dem Diener Christi der Abt vom Kloster des heiligen Justinus im Bistum Perugia. Beim Anblick desselben stieg der fromme Abt schnell vom Pferd, teils um dem Mann Gottes seine Ehrfurcht zu beweisen, teils um mit ihm über Gewissensanliegen zu sprechen. Nach Beendigung der Unterredung verabschiedete sich der Abt und bat demütig um sein Gebet. Der gottgefällige Mann Franziskus erwiderte: „Gerne will ich beten." Als nun der Abt sich eine kleine Strecke entfernt hatte, sprach der getreue Franziskus zu seinem Gefährten: „Warte ein wenig, mein Bruder; denn ich will erfüllen, was ich versprochen." Während der Heilige nun betete, empfand der Abt im Geist eine außerordent-

40 Der heilige Franziskus betet für den Abt vom Kloster des heiligen Justinus

liche Glut und Süße wie noch nie zuvor und fiel sogar in Verzückung, worin er ganz außer sich in Gott zerschmolz. Er hielt eine Weile an, und wieder zu sich gekommen, erkannte er die Kraft des Gebetes des heiligen Franziskus. Von jetzt an brannte er von noch größerer Liebe gegen den Orden und erzählte vielen diese Tatsache als ein Wunder.

Die kirchlichen Stundengebete pflegte der Heilige in Furcht und Andacht zu verrichten; und wiewohl er an Augen, Milz und Leber litt, so wollte er beim Psallieren sich doch nicht an die Wand oder die Mauer anlehnen, sondern betete die Stundengebete immer aufrecht stehend, mit unbedecktem Haupt, ohne mit den Augen umherzuschweifen oder die Worte zu verstümmeln. War er auf Reisen, so blieb er stehen, bis er die betreffenden Horen gebetet hatte, und diese so ehrwürdige und heilige Gewohnheit unterließ er nicht, wenn es auch heftig regnete.

Während der vierzigtägigen Fasten hatte er, weil er auch nicht die geringste Zeit unbeschäftigt sein wollte, ein Gefäß verfertigt. Bei der Terz kam ihm dieser Gegenstand in Gedanken und zerstreute seinen Geist ein wenig; unwillig hierüber verbrannte er vor Eifer des Geistes das Gefäß und sprach: „Dem Herrn will ich es opfern, dessen Opfer es verhindert hat."

Drei Jahre vor seinem Tod faßte er den Entschluß, das Geburtsfest des Jesuskindes beim Schloß Greccio möglichst feierlich zu begehen, um die Leute für die Andacht gegen den Heiland zu begeistern. Um aber hierbei jeden Schein von Leichtfertigkeit zu vermeiden, erbat und erhielt er vom Papst die Erlaubnis, ein Krippchen herzu-

41 Der heilige Franziskus betet auf Reisen das Stundengebet

richten, worein er Heu legte und bei welchem er einen Ochsen und Esel anbinden ließ. Brüder werden herbeigerufen, Leute strömen zusammen, der Wald hallt wider von kräftigen Stimmen, die heilige Nacht wird erhellt von vielen Kerzen und Lampen. Sanfte und wohltönende Lieder erschallen zum Lob Gottes, alles glänzend und feierlich. Vor der Krippe steht der Mann Gottes, von Andacht erfüllt, von Tränen benetzt und mit Freude übergossen. Die heilige Messe wird über der Krippe gefeiert und der Levit Christi Franziskus singt das Evangelium. Hierauf hält er dem versammelten Volk eine Predigt über die Geburt des armen Königs und so oft er dessen Namen nennt, heißt er ihn vor zärtlicher Liebe „das Knäblein von Bethlehem". Ein gewisser tugendhafter und wahrheitsliebender Ritter, Johannes von Greccio, ein besonderer Freund des Heiligen, der auch aus Liebe zu Christus den weltlichen Ritterstand verließ, versicherte, er habe ein sehr schönes Knäblein in der Krippe liegen und schlafen gesehen; der heilige Vater habe es mit beiden Armen umfangen, als wolle er es aus dem Schlaf wecken. Für die Glaubwürdigkeit dieses Gesichtes spricht nicht bloß die Frömmigkeit des Ritters, der es sah, sondern es wird auch bestätigt durch die Wahrheit, die es andeutete, und die Wunder, welche nachfolgten. Das Heu in der Krippe wurde vom Volk aufbewahrt und bewies eine wunderbare Heilkraft für krankes Vieh und vertrieb verschiedene andere Seuchen.

42 *Die Krippenfeier von Greccio*

Sein Verständnis der Heiligen Schrift und sein Prophetengeist

Oft las er in den heiligen Büchern und was er einmal in seinen Geist aufgenommen hatte, drückte er dem Gedächtnis fest ein; und was er mit den Ohren des Geistes aufmerksam vernommen, erwog er stets in Liebe und Andacht.

Zu Siena wurde der Heilige von einem Ordensmann, der zugleich Lehrer der Theologie war, über einige schwierige Stellen befragt, und er deckte mit solcher Klarheit die Geheimnisse der göttlichen Weisheit auf, daß jener gelehrte Mann sehr staunte und voll Bewunderung zu anderen sprach: „Fürwahr! Die Theologie dieses heiligen Vaters, durch Reinheit und Beschauung wie auf Flügeln in der Höhe schwebend, ist wie ein fliegender Adler, während unsere Wissenschaft mit dem Bauch auf dem Boden kriecht." Denn der Rede unkundig, war er doch voll Wissenschaft, entwickelte zweifelhafte Punkte und brachte das Verborgene ans Licht.

Auch der Geist der Weissagung erglänzte herrlich an ihm. Als das Heer der Christen Damiette belagerte, war der Heilige auch zugegen, nicht mit Waffen, sondern mit dem Glauben ausgerüstet. Da am Tag der Schlacht die Christen sich zum Treffen vorbereiteten und der Diener Christi hiervon hörte, sprach er seufzend zu seinem Begleiter: „Der Herr hat mir gezeigt, daß die Christen kein Glück haben werden, wenn sie jetzt die Schlacht liefern. Sage ich es jedoch, so wird man mich für einen Narren halten; schweige ich aber, so entgehe ich nicht den Vorwürfen des Gewissens. Was soll ich nun nach deiner Meinung tun?" Der Begleiter antwortete: „Mein Bruder! Halte es für etwas Geringes, von Menschen gerichtet zu werden, zumal es ja nichts Neues ist, daß man dich wie einen Narren verlacht; entlaste dein Gewissen und fürchte Gott mehr als die Menschen." Nach diesen Worten erhob sich der Herold Christi, gab den Christen heilsame Ermahnungen, verbot den Krieg und verkündete die Niederlage. Sie hielten aber, was Wahrheit war, für Fabel, verhärteten ihr Herz und wollten nicht umkehren. Die Schlacht wird geliefert, das ganze Heer der Christen wird in die Flucht geschlagen und das Ende des Krieges ist nicht Sieg, sondern Schmach. So groß war die Niederlage der Christen, daß gegen sechstausend teils getötet, teils gefangen wurden.

Einst ging der Heilige auch nach Celano, um dort zu predigen, und wurde hier von einem Soldaten in aller Ehrfurcht und sehr dringend zur Mahlzeit geladen. Er nahm die Einladung an und die ganze Familie frohlockte, als die armen Gäste eintraten. Vor dem Essen betet der Heilige seiner Gewohnheit gemäßt mit andächtigem Herzen. Nach Beendigung des Gebetes ruft er seinen guten Gastgeber freundlich auf die Seite und redet ihn also an: „Siehe, mein Bruder! Auf deine dringende Bitte bin ich in dein Haus gekommen, um bei dir zu speisen; füge dich nun auch schnell meiner Mahnung: denn du wirst nicht hier, sondern anderswo essen; beichte jetzt schnell deine Sünden mit wahrem Reueschmerz und lasse in dir nichts zurück, was du nicht in aufrichtiger Beichte geoffenbart hättest. Heute noch wird der Herr dir deinen Lohn geben, weil du seine Armen mit solcher Hochachtung aufgenommen hast." Der Mann glaubt den Worten des Heiligen, beichtet dessen Begleiter alle seine Sünden, richtet sein Haus ein und bereitet sich, so gut als möglich, auf den Tod vor. Sie setzen sich zu Tisch, und als die anderen zu essen anfangen, haucht der Gastgeber plötzlich seine Seele aus und wird nach dem Wort des Mannes Gottes von einem schnellen Tod hinweggenommen.

Während der Heilige zu Rieti krank darniederlag, brachte man ihm einen Pfründner, Gedeon mit Namen, einen unflätigen und weltlich gesinnten Menschen. Er lag schwer krank auf dem Bett und bat mit allen Umstehenden den Diener Gottes, er möge doch das heilige Kreuzzeichen über ihn machen. Der Heilige erwiderte: „Früher lebtest du nach den Begierden des Fleisches und ohne Furcht vor dem Gericht Gottes; wie kann ich dich jetzt mit dem Kreuz bezeichnen? Jedoch wegen der frommen Bitten deiner Fürsprecher will ich im Namen des Herrn das Kreuzzeichen über dich machen. Wisse aber, Schlimmeres wird dich treffen, wenn du nach deiner Genesung zu den ausgeworfenen Sünden zurückkehrst. Denn wegen der Sünde der Undankbarkeit werden immer die letzten Dinge ärger als die ersten." Hierauf machte er das Kreuz über den Kranken, der ganz gekrümmt dalag, und plötzlich stand er gesund auf, pries Gott und sprach: „Ich bin geheilt." Nach einiger Zeit hatte der Geheilte seines Gottes wieder vergessen und übergab seinen Leib von neuem der Unzucht. Als er aber eines Tages in dem Haus eines Kanonikus spät zu Nacht gegessen hatte und dort zum Schlafen blieb, stürzte plötzlich das Dach des Hauses über allen zusammen. Die übrigen wurden alle gerettet, nur jener Elende wurde zerquetscht und getötet.

Auch eine vornehme und fromme Frau kam zum heiligen Franziskus, um ihm ihren Schmerz aufzudecken und ein Heilmittel gegen denselben zu erbitten. Sie hatte nämlich einen recht grausamen Mann, der sie am Dienst Gottes hinderte. Der Heilige sprach: „Gehe im Frieden und erwarte ohne allen Zweifel, daß dein Mann in Bälde dir Trost bereiten wird; sage ihm auch in Gottes und meinem Namen, es sei jetzt die Zeit der Milde, später die Zeit der Enthaltsamkeit." Hiermit empfängt die Frau den Segen und geht nach Hause, wo sie ihren Mann trifft und ihm den Bescheid des Heiligen mitteilt. Es kam nun der heilige Geist über diesen Mann, verwandelte ihn in einen neuen Menschen und machte, daß er voll Sanftmut sprach: „Teure Frau! Wir wollen dem Herrn dienen und unsere Seelen retten." Auf Anraten der frommen Gemahlin lebten sie auch mehrere Jahre enthaltsam und gingen beide an demselben Tag zum Herrn.

Einem ihm befreundeten Mann von Siena sagte er einiges vorher, das sich auf dessen Ende bezog. Als ihn nun jener gelehrte Ordensmann im Zweifel über das, was er von jenem Mann gehört hatte, fragte, ob er das wirklich gesagt habe, bestätigte der heilige Vater nicht bloß die Aussage jenes Mannes, sondern sagte auch dem Ordensmann, der über das Ende eines anderen fragte, sein eigenes Ende voraus. Und damit diese Worte dem Herzen desselben um so tiefer eingedrückt würden, nannte er ihm einen ganz geheimen Gewissensskrupel, den er noch keinem Menschen geoffenbart hatte, und gab ihm heilsamen Rat. Alles dieses wird dadurch bestätigt, daß jenes Ordensmannes Ende so war, wie es der Diener Christi vorhergesagt hatte.

Bei seiner Rückkehr von einer Seereise ritt er, müde und erschöpft, eine Strecke auf einem Esel. Aber auch sein Begleiter war nicht wenig ermüdet und der menschlichen Schwäche nachgebend sprach er bei sich: „Seine und meine Eltern waren keineswegs gleich; und nun, er reitet und ich führe ihm zu Fuß den Esel." Während er so bei sich dachte, sprang der Heilige rasch vom Esel und sprach: „Nein, mein Bruder, es geziemt sich nicht, daß ich reite und du zu Fuß gehst; du warst ja in der Welt viel vornehmer und reicher als ich." Der Bruder staunte und wurde ganz beschämt, weil er seine Gedanken entdeckt sah, fiel dem heiligen Vater zu Füßen, offenbarte ihm unter Tränen seine Gedanken und bat um Verzeihung.

Während der Heilige auf dem Berg Alverna in seine Zelle sich eingeschlossen hatte, wünschte einer seiner Genossen mit großer Begierde, einige Aussprüche des Herrn vom Mann Gottes eigenhändig geschrieben zu besitzen. Er litt nämlich im Geist an einer heftigen Versuchung und glaubte hierdurch von derselben befreit zu werden oder wenigstens Erleichterung zu finden. In diesem Zustand war er fast krank vor Verlangen nach dem ersehnten Gegenstand und wurde zugleich im Geist beängstigt, weil er aus Scham dem ehrwürdigen Vater sein Anliegen zu offenbaren nicht wagte. Jedoch was jener nicht aussprechen wollte, enthüllte der Heilige Geist. Denn Franziskus ließ sich von dem gedachten Bruder Papier und Tinte bringen, schrieb nach dem Wunsch desselben eigenhändig einige Lobsprüche des Herrn nieder, segnete ihn dann und sprach: „Nimm dir dieses Blättchen und bewahre es sorgfältig auf bis zu deinem Tod." Der Bruder nimmt die erwünschte Gabe und alsbald ist die Versuchung vollständig verscheucht. Das Blättchen wird aufbewahrt und da später durch dasselbe Wunder gewirkt wurden, legt es Zeugnis ab von den Tugenden des heiligen Franziskus.

Einmal hielt der Vikarius des Klosters Kapitel, wobei er einen Ordensmann wegen eines Fehlers bestrafte; dieser jedoch entschuldigte sich und wollte die Züchtigung nicht annehmen. Während dieser Zeit befand sich der heilige Vater in der Zelle im Gebet als wahrer Fürsprecher und Mittler zwischen Gott und den Brüdern. Im Geist sah er den Vorfall und rief schnell einen Bruder herbei, zu dem er sprach: „Mein Bruder! Ich sah auf den Schultern jenes ungehorsamen Bruders einen Teufel sitzen, der ihn am Hals festhielt; von diesem Reiter besiegt, hat er den Zaum des Gehorsams abgeworfen und ist dem Zug niedriger Neigungen gefolgt. Ich habe aber für den Bruder zu Gott gebeten, und sogleich floh der Teufel beschämt von dannen. Geh also und sage dem Bruder, er solle unverweilt seinen Nacken unter das Joch des heiligen Gehorsams beugen." Kaum hatte der ungehorsame Ordensmann diese Weisung erhalten, als er sich auch sogleich zu Gott bekehrte und demütig zu den Füßen des Vikarius niederkniete.

Zwei Brüder kamen einst weit her zur Einsiedelei von Greccio, um den Mann Gottes zu sehen und endlich den so lang erwünschten Segen von ihm zu empfangen. Da sie ihn aber bei ihrer Ankunft nicht trafen, weil er sich schon in seine Zelle zurückgezogen hatte, so gingen sie traurigen Herzens davon. Doch siehe! Obschon der heilige Vater von der Ankunft und Rückkehr der Brüder auf natürlichem Weg nichts wissen konnte, so kam er doch gegen seine Gewohnheit aus der Zelle, rief den heimkehrenden Brüdern nach, bezeichnete sie nach ihrem Wunsch mit dem Zeichen des Kreuzes und segnete sie im Namen Jesu.

Zwei Brüder kehrten eines Tages von ihrer Missionsreise zurück, von denen der ältere dem jüngeren in einigen Stücken Ärgernis gegeben hatte. Nach ihrer Ankunft fragte der heilige Vater den jüngeren, wie sich sein Begleiter unterwegs gegen ihn benommen habe. Der jüngere antwortete: „O, recht gut!" Hierauf sprach der Mann Gottes: „Hüte dich, mein Bruder, unter dem Schein der Demut zu lügen; ich weiß, ja ich weiß alles. Warte nur ein wenig und du wirst schon sehen." Der Bruder konnte sich nicht genug wundern, wie der Heilige Begebenheiten, die in so weiter Ferne geschehen waren, im Geist geschaut hatte. Aber bald darauf verläßt jener Mensch, der seinem Mitbruder Ärgernis gegeben, auch den Vater nicht um Verzeihung gebeten, noch für sein Vergehen die gebührende Strafe erhalten hatte, den Orden. In diesem einen Fall sieht man recht augenscheinlich zwei Dinge: das billige Verfahren der göttlichen Gerechtigkeit und den Scharfblick des prophetischen Geistes beim heiligen Franziskus. Wie er aber durch Wirkung der göttlichen Kraft weit entfernten Personen sich gegenwärtig zeigte, ist im Vorhergehenden schon erzählt.

Seine machtvolle Predigt und seine Gabe der Krankenheilung

Nachdem er viele Tage im Gebet zugebracht hatte, kehrte er zu seinen vertrauten Brüdern zurück und legte ihnen seine Bedenken zur Entscheidung vor. „Welchen Rat," sprach er, „gebt ihr mir oder was scheint euch lobenswerter: daß ich dem Gebet obliege oder umhergehe und predige? Ich bin ja ein geringer, einfältiger Mensch, unerfahren in der Redekunst und habe mehr die Gabe des Gebetes als des Wortes empfangen. Auch scheint mir, daß man selbst beim Gebet gewinne und die Fülle der Gnaden empfange, wogegen man bei der Predigt die Gaben austeilt, welche man vom Himmel erhalten hat." Obschon er nun viele Tage mit den Brüdern über den fraglichen Punkt sich unterredete, so konnte er doch keine Gewißheit darüber erlangen, welche von diesen beiden Lebensweisen Christus angenehmer sei und welche er zu wählen habe. Und indem Gott den heiligen Mann über diesen Punkt nicht hinreichend erleuchtete, beabsichtigte er etwas noch Besseres: es sollte nämlich durch den Ausspruch des höchsten Richters das Verdienst der Predigt offenbar und die Demut des Dieners Christi bewahrt werden.

Um nun, wo möglich, von diesem quälenden Zweifel frei zu werden, schickte der Mann Gottes zwei seiner Brüder zu dem Bruder Silvester mit dem Auftrag, in dieser Herzensangelegenheit Gott um Rat zu fragen und ihm dann mitzuteilen, was Gott ihm zu antworten sich gewürdigt habe. Bruder Silvester beschäftigte sich damals auf einem Berg bei Assisi fortwährend mit dem Gebet; er war es, der früher aus dem Mund des Heiligen ein Kreuz hatte hervorwachsen sehen. Auch die heilige Jungfrau Klara erhielt den Auftrag, sie solle vermittels einer ihrer reinsten und demütigsten Jungfrauen den lieben Gott in derselben Angelegenheit um Rat fragen lassen, während sie selbst mit den anderen Jungfrauen zu demselben Zweck ihre Gebete zum Himmel senden möchte. Vom Heiligen Geist erleuchtet, verkündet der ehrwürdige Priester und die gottgeweihte Jungfrau ganz dieselbe Entscheidung, nämlich, es sei Gottes Wille, daß Franziskus als Herold Christi ausgehe zu predigen. Als er nun von den heimkehrenden Brüdern den Willen Gottes knieend erfahren hatte, erhebt er sich sogleich, umgürtet sich und geht unverweilt von dannen, um den Völkern zu predigen.

Auf dieser seiner Missionsreise kam der Mann Gottes nahe bei Bevagna an einen Ort, wo sich eine große Menge verschiedenartiger Vögel angesammelt hatte. Als er sie gewahrte, lief er hurtig zu der Stelle und grüßte sie, als hätten sie Vernunft gehabt und ihn verstehen können. Alle warteten auf ihn und neigten sich zu ihm; und die im Gebüsch waren, beugten, wo er sich ihnen näherte, ihre Köpfe und sahen in wunderbarer Weise auf ihn, bis er zu ihnen gekommen war. Dann ermahnte er sie sorgfältig, das Wort Gottes zu hören, und sprach: „Ihr Vögel, meine Brüder! Gar sehr müßt ihr euren Schöpfer loben, der euch mit Federn bekleidet und Flügel zum Fliegen gegeben, die reine Luft geschenkt hat und euch ohne eure Sorge und Mühe alles so liebevoll gewährt."

43 *Der heilige Franziskus predigt zu den Vögeln*

Während dieser Anrede zeigten die Vögel durch verschiedene Gebärden in bewunderungswürdiger Weise ihre große Freude. Nachdem er die Anrede vollendet, ging er, von der Glut des Geistes mächtig erfaßt, mitten durch die Vögel hindurch und berührte sie mit seinem Kleid. Jedoch kein Vogel entfernte sich von seinem Platz, und erst dann flogen sie gemeinschaftlich davon, als der Mann Gottes sie gesegnet und ihnen die Erlaubnis zum Fortfliegen gegeben hatte.

Der heilige Vater durchwanderte nun die Nachbarorte und predigte überall. Auf dieser Reise kam er auch zu einem Flecken, Alviano genannt. Hier versammelte er das Volk und schickte sich an, den Gläubigen das Wort Gottes zu verkünden. An diesem Ort war eine Menge Schwalben, die ein solches Gezwitscher machten, daß man den Prediger nicht verstehen konnte. Er wandte sich nun vor allen Zuhörern an die Schwalben und sprach zu ihnen mit lauter Stimme: „Ihr Schwalben, meine Schwesterchen! Es ist jetzt Zeit, daß auch ich einmal rede; denn ihr habt bis jetzt hinreichend gesprochen. Hört jetzt das Wort Gottes an und haltet euch ruhig bis die Predigt vollendet ist.“ Es war, als hätten die Schwalben diesen Befehl verstanden; denn augenblicklich schwiegen sie still und entfernten sich nicht von der Stelle.

In der Stadt Paris wohnte ein gut gearteter Student, der sich nebst seinen Genossen recht fleißig auf die Erlernung der Wissenschaften verlegte, aber beim Studieren durch das fortwährende Zwitschern einer Schwalbe sehr gestört wurde. Er sagte nun zu seinen Mitstudenten: „Das ist gewiß eine von jenen Schwalben, welche den

Mann Gottes Franziskus einmal während der Predigt so lange belästigten bis er ihnen Stillschweigen auflegte." Hierauf wandte er sich zu der Schwalbe und sprach vertrauensvoll: „Im Namen des Dieners Gottes Franziskus befehle ich dir, daß du sogleich stillschweigst und zu mir kommst." Sobald das Tierchen den Namen Franziskus hörte, schwieg es augenblicklich, als wäre es in der Schule des Mannes Gottes gewesen, und flog dem Studenten zutraulich auf die Hand. Dieser wurde von Staunen ergriffen, ließ dann die Schwalbe wieder fliegen, hörte aber niemals mehr ihr Zwitschern.

Auf seiner Missionsreise kam der Diener Gottes auch nach Gaëta und predigte dort am Gestade des Meeres. Aus Verehrung gegen ihn läuft das Volk scharenweise auf ihn zu, um ihn zu berühren. Aber der demütige Knecht Christi hatte einen Widerwillen an solchen Ehrenbezeugungen, und um denselben zu entgehen, sprang er in eine Barke, die am Ufer lag. Die Barke aber, als hätte sie Verstand gehabt, entfernte sich von selbst ohne irgendeinen Ruderer vor den Augen der staunenden Menge eine große Strecke weit vom Gestade. Hier auf hoher See mitten unter den Wogen blieb sie so lange unbeweglich stehen, als der heilige Mann der lauschenden Menge predigte. Nach beendigter Predigt gab er der Menge und dem Schifflein seinen Segen und nun zog sich die Barke wieder von selbst ans Gestade zurück.

Einmal sollte er vor dem Papst und den Kardinälen predigen. Auf Zureden des Bischofs von Ostia hatte er sich zu diesem Zweck eine Predigt sorgfältig ausgearbeitet und dem Gedächtnis wohl eingeprägt. Wie er nun in der Mitte dieser hehren Versammlung stand, um Worte der Erbauung an die Zuhörer zu richten, hatte er alles so vollständig vergessen, daß er auch nicht ein Wort hervorzubringen vermochte. Ganz offen und mit aufrichtiger Demut macht er die hohen Persönlichkeiten mit seiner Lage bekannt und kniet dann nieder, die Gnade des Heiligen Geistes anzurufen. Nach einem kurzen Gebet erhebt er sich und beginnt zu reden; aber plötzlich entströmen seinem Mund so kräftige Worte und mit solch gewaltiger Kraft bringt er die Herzen dieser hochgestellten Personen zur Zerknirschung des Geistes, daß allen es einleuchtet, nicht Franziskus, sondern der Geist des Herrn sei es, der durch seinen Diener redete. Mit derselben Kraft des Geistes redete er vor Großen und vor Kleinen, mit derselben Bereitwilligkeit und Anmut des Herzens predigte er vor Wenigen und vor Vielen. In Kraft des Namens Jesu Christi trieb Franziskus, der Herold der Wahrheit, die Teufel aus, heilte die Kranken und was noch mehr ist, erweichte durch die Glut seiner Worte die Herzen der verstockten Sünder zur Buße und brachte Gesundheit den Leibern und den Seelen. Hier einige Beispiele zur Bestätigung des Gesagten:

In der Stadt Tuskanella nahm ein gewisser Soldat mit großer Ehrfurcht den Heiligen als Gast in sein Haus. Dieser Soldat hatte einen einzigen Sohn, der von Geburt an verwachsen war. Er bat nun seinen Gast recht inständig, er möchte doch sein unglückliches Kind mit der Hand aufheben. Der Heilige kam diesen Bitten nach und hob den Kleinen auf. Nun siehe! Plötzlich werden vor den Augen aller die Glieder des Knaben gerade und kräftig, er fühlt sich gesund und stark, steht auf, geht und springt umher und lobt Gott.

Im Bistum Rieti brachte ihm eine Mutter unter Tränen ihren Sohn, der schon seit vier Jahren derartig geschwollen war, daß er auf keine Weise seine eigenen Beine sehen konnte. Franziskus berührte den Knaben mit seinen heiligen Händen und augenblicklich war derselbe wieder gesund.

In der Stadt Orta war ein so verkrüppelter und verwachsener Knabe, daß Kopf und Füße ihm zusammengewachsen und einige Knochen gebrochen waren. Auf die tränenvollen Bitten der Eltern nimmt Franziskus das Kind in seine Arme; augenblicklich nehmen die Glieder ihre rechte Lage an und das Kind ist von seinem Übel befreit.

Zu Bevagna lebte ein blindes Mädchen; der Heilige bestreicht im Namen der Heiligen Dreifaltigkeit die Augen desselben dreimal mit seinem Speichel und alsbald ist es sehend.

In Bologna hatte ein Knabe das eine Auge derartig mit einem Flecken überzogen, daß er mit demselben durchaus nichts zu sehen vermochte, auch nirgends ärztliche Hilfe finden konnte. Der Heilige machte nun von dem Kopf bis zu den Füßen das Kreuzzeichen über denselben und alsbald war des Knaben Auge vollständig gesund.

Auf der Burg des heiligen Geminian wurde der Diener Gottes von einem frommen Mann, dessen Frau vom bösen Geist besessen war, zu Gast gebeten. Nach kurzem Gebet befahl er nun in Kraft des Gehorsams dem Teufel auszufahren; und augenblicklich verließ er, durch die Kraft Gottes gezwungen, seine Wohnung.

Ein gewisser Ordensmann war von einem so schrecklichen Übel befallen, daß viele es vielmehr für eine Plage des Teufels als für eine natürliche Krankheit hielten; er wurde nämlich oftmals mit dem ganzen Leib hin und her geworfen, wobei er heftig schäumte. Der Diener Christi, von Mitleid erfüllt, erbarmte sich des elenden und unheilbaren Kranken und schickte ihm ein Stückchen Brot, von dem er eben aß. Sobald der Kranke den Bissen genommen hatte, fühlte er sich augenblicklich von seinem Übel befreit und wurde niemals wieder von demselben befallen.

In der Grafschaft Arezzo litt eine Frau schon mehrere Tage an Geburtsschmerzen und war dem Tod nahe; und hätte Gott nicht wunderbar geholfen, so wäre für ihre Heilung keine Hoffnung gewesen. Der Diener Christi kam auf seinen Missionsreisen gerade durch diese Gegend und der Weg führte an dem Landhaus vorbei, wo die erwähnte Frau so krank darniederlag. Wegen großer Schwäche war der Heilige genötigt, die Reise zu Pferd zu machen. Als nun die Leute des Ortes das Pferd sahen, auf dem er ritt, nahmen sie demselben die Zügel ab und legten sie auf die kranke Frau. Sobald nun die Zügel den Leib der Frau berührten, war alle Gefahr vorbei und nach einigen Augenblicken brachte sie bei voller Gesundheit ihr Kind zur Welt.

Da nun der Herold Gottes durch diese und viele andere Wunderzeichen bei seinen Predigten glänzte, so lauschten die Leute seinen Worten, als redete ein Engel des Herrn.

Die heiligen Wundmale

Zwei Jahre vor seinem seligen Hinscheiden wurde der Heilige nach Vollbringung vielfältiger Arbeiten vom Geist Gottes getrieben abseits auf einen hohen Berg geführt, der Alverna hieß. Als er nun hier zu Ehren des heiligen Erzengels Michael seiner Gewohnheit gemäß die vierzigtägige Fasten angefangen hatte, wurde er überschwenglicher als sonst mit der Süßigkeit himmlischer Beschauung übergossen und von der Hochglut heiliger Begierden entflammt, fühlte er die Gaben des Heiligen Geistes in größerer Fülle seiner Seele mitgeteilt. Daher wurde ihm auch durch innere göttliche Erleuchtung geoffenbart, Christus wolle ihm bei Eröffnung des Evangeliums kundtun, was Gott an ihm und in bezug auf ihn am angenehmsten sei. Nachdem er nun ein recht andächtiges Gebet verrichtet hatte, läßt er seinen Gefährten, der ein wahrer Freund Gottes und heiliger Mann war, das Evangelienbuch vom Altar nehmen und im Namen der Allerheiligsten Dreifaltigkeit öffnen. Dreimal läßt er das Buch aufschlagen und jedesmal trifft er „die Leidensgeschichte des Herrn". Hieraus erkannte der von Gott erfüllte Mann, daß er, wie er Christus nachgeahmt habe in den Werken seines Lebens, nun auch vor seinem Hinscheiden aus dieser Welt ihm ähnlich werden solle in den Schmerzen seines Leidens. Und wiewohl er schwach war am Leib, weil er bisher ein sehr strenges Leben geführt und Christi Kreuz stets getragen hatte, so wurde er doch nicht erschreckt durch Ankündigung neuer Leiden, sondern vielmehr um so mächtiger entflammt zur Erduldung des Märtyrertums.

Als nun Franziskus durch die seraphische Glut heiliger Begierden aufwärts zu Gott erhoben und im süßen Mitgefühl in den umgestaltet wurde, der aus übergroßer Liebe für uns wollte gekreuzigt werden, sah er eines Morgens gegen das Fest der Kreuzerhöhung, während er am Abhang des Berges betete, einen Seraph mit sechs feurigen und strahlenden Flügeln von des Himmels Höhe zu ihm herniedersteigen. Und da der Seraph im schnellsten Flug in die Nähe des Mannes Gottes gekommen war, erblickte der Heilige zwischen den Flügeln desselben die Gestalt eines gekreuzigten Menschen, Hände und Füße in Kreuzesform ausgestreckt und an ein Kreuz geheftet. Zwei Flügel erhoben sich über das Haupt, zwei waren ausgestreckt zum Fliegen und zwei bedeckten den ganzen Leib. Bei dieser Erscheinung ergriff ihn heftiges Staunen und Freude mit Kummer vermischt kam in seine Seele. Was ihm jedoch bei diesem so unerforschlichen Gesicht die größte Verwunderung einflößte, war dieses, daß er wußte, es lasse sich die Schwachheit des Leidens mit der Unsterblichkeit eines Seraphs nicht vereinigen. Indes erkannte der Freund Christi bald durch höhere Offenbarung, dieses Gesicht sei ihm von der göttlichen Vorsehung deshalb gezeigt, um ihn zu belehren, daß er nicht durch das Martyrium des Leibes, sondern durch das Liebesfeuer der Seele gänzlich in das Bild des gekreuzigten Heilandes solle umgestaltet werden.

Als nun die Erscheinung verschwand, ließ sie in dem Herzen des Heiligen einen wunderbaren Brand zurück,

44 *Der heilige Franziskus wird stigmatisiert*

aber auch seinem Leib drückte er ebenso wunderbare Zeichen ein. Denn alsbald erschienen an seinen Händen und Füßen die Wundmale der Nägel, wie er sie kurz vorher an dem Gekreuzigten gesehen hatte, der ihm erschienen war. Die rechte Seite war wie von einer Lanze durchstochen und mit einer rötlichen Narbe umzogen; heiliges Blut floß häufig aus dieser Seitenwunde und benetzte Ober- und Unterkleider.

Da aber der Diener Christi die Wundmale seinem Leib so eingedrückt sah, daß er sie vor seinen vertrauten Freunden nicht geheimhalten konnte, und dabei das Geheimnis des Herrn bekannt zu machen fürchtete, geriet er in einen heftigen Kampf mit sich selbst, ob er ihnen die Erscheinung offenbaren oder verschweigen sollte. Um sich von dieser Seelenangst zu befreien, rief er einige Mitbrüder herbei, stellte ihnen in allgemeinen Worten seine Zweifel dar und bat sie um ihren Rat. Ein gewisser Mitbruder, Illuminatus (der Erleuchtete) genannt und durch die Gnade wahrhaft erleuchtet, erkannte aus dieser Mitteilung und der großen Bestürzung des Heiligen, daß er wunderbare Dinge müsse geschaut haben. Darum sprach er zu ihm: „Wisse, mein Bruder! Nicht bloß um deinetwillen, sondern auch um anderer willen werden dir zuweilen göttliche Geheimnisse offenbart. Wenn du also das verheimlichst, was du zum Nutzen für viele empfangen hast, so mußt du mit Recht fürchten, daß du für strafbar befunden wirst wegen des vergrabenen Talentes." Durch diese Worte wurde der Heilige bewogen, wenn auch mit großer Furcht, den Hergang der gedachten Erscheinung zu erzählen. Nach dieser Mitteilung fügte er noch die Bemerkung hinzu, derjenige, der ihm

45 *Die Stigmatisierung des heiligen Franziskus*

erschienen sei, habe ihm einiges gesagt, was er bei Lebzeiten niemals einem Menschen eröffnen könne. Man darf wohl glauben, daß die Worte jenes Seraphs, der ihm wunderbar am Kreuz erschien, so geheimnisvoll waren, daß es Menschen vielleicht nicht erlaubt ist, sie auszusprechen. Da es Gottes Sache ist, zu seiner Verherrlichung das Große bekannt zu machen, das er wirkt, so hat der Herr selbst durch die Wundmale des Franziskus gewisse Wunder gewirkt.

In der Landschaft Rieti wütete eine verheerende Seuche an Rindern und Schafen und die erkrankten Tiere konnten durch kein Mittel gerettet werden. Aber ein gewisser gottesfürchtiger Mann wurde des Nachts durch ein Gesicht ermahnt, sich eiligst zu der Einsiedelei der Minderbrüder zu begeben und das Wasser, womit der Diener Gottes Franziskus, der zu dieser Zeit dort verweilte, Hände und Füße gewaschen hatte, zu holen und damit alle Tiere zu besprengen. Am folgenden Morgen begab sich der Mann an den gedachten Ort, erhielt von den Genossen des heiligen Mannes das Wasser im Geheimen und besprengte damit alle erkrankten Rinder und Schafe. Nun siehe Wunder! Kaum hatte nur ein Tropfen von diesem Wasser die kranken, auf dem Boden dahingestreckten Tiere berührt, so erhielten dieselben plötzlich ihre frühere Frische wieder und eilten auf die Wiese, als ob sie kein Übel gehabt hätten! So wich durch die wunderbare Kraft jenes Wassers, das die heiligen Wundmale berührt hatte, die ganze Plage vollständig und die tödliche Seuche wurde von den Herden vertrieben.

Bevor der heilige Mann auf dem Berg Alverna verweilte, bildete sich auf demselben fast alljährlich eine

Hagelwolke und ein heftiges Gewitter zerstörte die Feldfrüchte ringsumher; aber nach jener glücklichen Erscheinung hörte der Hagel zur Bewunderung der Bewohner auf und so verkündigte selbst der außergewöhnlich heitere Himmel die Erhabenheit und die Kraft der dort eingedrückten Wundmale.

Einmal mußte er zur Winterszeit wegen Leibesschwäche und der Rauheit des Weges auf dem Esel eines armen Mannes reiten; und da er durch den Schnee und die hereinbrechende Nacht gehindert wurde, die Herberge zu erreichen, so war er, um irgendwie den Unannehmlichkeiten des Wetters zu entgehen, genötigt, unter dem Abhang eines hervorragenden Felsens zu übernachten. Da nun der Heilige bemerkte, daß jener arme Mann sich beklagte, seufzte und murrte, sich hin und her warf, weil er mit dünnen Kleidern bedeckt, vor großer Kälte nicht schlafen konnte, so berührte er, von dem Brande göttlicher Liebe entzündet, denselben mit seiner ausgestreckten Hand. Und in der Tat wunderbar! Bei der Berührung jener heiligen Hand verschwand plötzlich bei dem Mann alle Kälte und eine solche Hitze kam von innen und außen über ihn, als wäre aus der Röhre eines glühenden Ofens eine gewaltige Glut auf ihn ausgeströmt. Gleich nach dieser Berührung wurde er gekräftigt an Leib und Seele und schlief unter Felsen und Schnee bis zum Morgen so sanft, wie er noch niemals zuvor im eigenen Bett geruht hatte; diese Aussage hat der Mann später selbst gemacht.

Wiewohl aber der heilige Mann selbst den im Acker gefundenen Schatz mit aller Sorgfalt zu verbergen suchte und deshalb die Hände fast immer bedeckt hielt und seit jener Zeit beschuht einherging, so konnte er doch nicht verhüten, daß einige die Male seiner Hände und Füße sahen, denn gesehen haben sie zu seinen Lebzeiten viele Mitbrüder. Und obgleich jene Männer wegen ihrer vorzüglichen Heiligkeit in allem glaubwürdig sind, so haben sie doch, um jeden Zweifel zu entfernen, eidlich versichert, daß der Mann Gottes die Wundmale gehabt und sie dieselben gesehen haben. Gesehen haben sie einige dem heiligen Mann sehr befreundete Kardinäle und diese haben in Prosa, in Liedern und Antiphonen, die sie zu Ehren desselben verfaßten, die Wundmale verherrlicht und durch Wort und Schrift der Wahrheit Zeugnis gegeben. Selbst der Papst Alexander versicherte in einer Predigt, die er vor vielen Brüdern in meiner Gegenwart hielt, er habe bei Lebzeiten des Heiligen jene heiligen Zeichen mit eigenen Augen geschaut. Gesehen haben sie nach seinem Tod mehr als fünfzig seiner Brüder; gesehen hat sie die gottgeweihte Jungfrau Klara mit allen ihren Schwestern; gesehen haben sie endlich unzählige Weltleute und sehr viele von ihnen haben dieselben aus Andacht geküßt und zur größeren Glaubwürdigkeit ihres Zeugnisses mit den Händen berührt.

Die Seitenwunde verbarg er so sorgfältig, daß niemand dieselbe bei seinen Lebzeiten anders als verstohlener Weise sehen konnte. Ein Bruder, der ihn sorgfältig zu bedienen pflegte, brachte ihn mit frommer Vorsicht dahin, daß er sein Kleid ablegte, damit es ausgeschlagen würde. Beim Auskleiden gab er nun genau acht und sah wirklich die Seitenwunde; auch berührte er durch eine schnelle Bewegung dieselbe mit drei Fingern, um durch Sehen und Tasten die Größe der Wunde zu erkennen.

Unter einer ähnlichen Vorsicht sah dieselbe auch jener Bruder, der damals sein Vikarius war. Auch der Begleiter des Heiligen, ein Bruder von bewunderungswürdiger Einfalt, berührte zufällig, indem er die Hand durch die Kapuze steckte, um den kranken Rücken desselben zu behandeln, die heilige Wunde und verursachte ihm heftige Schmerzen. Seit dieser Zeit trug er Beinkleider, welche bis zur Achselhöhle hinaufreichten und die Seitenwunde bedeckten. Auch die Brüder, welche seine Unterkleider wuschen und das Oberkleid zu Zeiten ausschlugen, fanden dieselben mit Blut gerötet und gelangten durch dieses offenbare Zeichen unzweifelhaft zur Kenntnis der heiligen Wundmale.

Wohlan denn, entschlossener Krieger Christi! Jetzt ist wahrhaft erfüllt das erste Gesicht, das du gesehen und dir andeutete, daß du im Kriegsdienst Christi zum Führer erkoren und mit himmlischen Waffen, herrlich durch das Zeichen des Kreuzes, geschmückt werden solltest. Jetzt ist auch unzweifelhaft für wahr zu halten jenes Gesicht am Anfang seiner Bekehrung, wo der Gekreuzigte dir erschien und deine Seele durchbohrte mit dem Schwert des mitleidenden Schmerzes; aber auch für wahr zu halten ist jene Stimme, die ausging vom Kreuz als dem erhabenen Thron Christi und dem geheimen Gnadenstuhl, wie du mit eigenen Worten bekräftigt hast.

Seine Geduld und sein Heimgang im Tod

Da Franziskus nicht gehen konnte, weil die Nägel aus seinen Füßen nach unten herauswuchsen, so ließ er seinen erstorbenen Leib durch Städte und Dörfer umherführen, um alle anzueifern, Christi Kreuz zu tragen. Er brannte auch von großem Verlangen, zu den ersten Übungen der Demut zurückzukehren, den Aussätzigen wie zu Anfang seiner Bekehrung zu dienen und seinen schon zerfallenen Leib wie früher mit harter Arbeit zu beladen. Und obwohl seine Glieder erschlafften, so war er doch stark und feurig im Geist und hoffte noch auf neue Kämpfe, auf neue Siege über den Feind.

Er begann an vielerlei Krankheiten so heftig zu leiden, daß auch kaum ein Glied an ihm ohne große Schmerzen war. Durch verschiedene langwierige und anhaltende Krankheiten kam es mit ihm endlich so weit, daß er nur aus Haut und Knochen bestand. Als er einmal schlimmer als gewöhnlich von Schmerzen geplagt wurde, sprach ein recht einfältiger Bruder zu ihm: „Mein Bruder! Bitte den Herrn, daß er etwas gelinder mit dir verfahre; denn seine Hand scheint schwerer als billig auf dir zu liegen." Bei diesen Worten schrie der heilige Mann laut auf und sprach: „Wenn ich deine Einfalt und Reinheit nicht kennen würde, so würde ich von jetzt an einen Abscheu vor deinem Umgang haben, weil du es gewagt hast, die Gerichte Gottes an mir zu tadeln."

Die Zeit seines Todes wußte der Heilige lange vorher;

und als der Tag seines Scheidens herannahte, sagte er zu seinen Brüdern, bald müsse er seines Leibes Hülle ablegen, wie ihm Christus geoffenbart habe. Da ließ er sich nach Maria von Portiunkula bringen, um dort das leibliche Leben auszuhauchen, wo ihm das geistige Leben eingehaucht wurde. Obschon er nun so krank war, daß er an allen Gliedern litt, so hat er doch, nachdem man ihn dorthin gebracht hatte, vor Inbrunst des Geistes ganz nackt auf den bloßen Boden sich geworfen, um in aller Wahrheit durch die Tat zu zeigen, daß er nichts mit der Welt gemein habe, und damit er in der letzten Stunde, wo der erzürnte Feind noch angreifen konnte, nackt mit dem Nackten ringen könnte. Hier lag er nun auf der Erde und sprach zu den Brüdern: „Ich habe meine Sendung erfüllt; was euer Beruf sein wird, möge Christus euch lehren."

Die Genossen des Heiligen waren von Mitleid wunderbar gerührt und weinten. Einer jedoch von ihnen, den der Mann Gottes seinen Guardian nannte, erkannte durch göttliche Eingebung den Wunsch des heiligen Vaters, erhob sich plötzlich, nahm Gürtel, Unterkleider und Habit und reichte es dem Armen Christi mit den Worten: „Dieses leihe ich dir als einem Armen; auf Befehl des heiligen Gehorsams nimm es an!" Jetzt freut sich der heilige Mann und frohlockt vor Wonne des Herzens, weil er sieht, daß er seiner Herrin, der Armut, bis zum Tod treu geblieben ist. Dann erhebt er die Hände gen Himmel und preist Christus, daß er von allem entlastet frei zu ihm gehen könne.

Als endlich die Stunde seines Hinganges herannahte, ließ er alle Brüder des Klosters zu sich rufen, beruhigte sie mit Worten des Trostes über seinen Tod und mahnte sie mit väterlichem Herzen zur Liebe Gottes. Dann sprach er lange über die Geduld und Armut und den Glauben der römisch-katholischen Kirche und zeigte, wie man diese Tugenden zu bewahren habe, und zog das Evangelium allen anderen Satzungen vor. Hierauf streckte er über die Brüder, die um ihn herumsaßen, die Hände aus, die er in Kreuzesform übereinandergeschlagen hatte, segnete in Kraft und im Namen des Gekreuzigten alle sowohl anwesenden als abwesenden Brüder und sprach dann: „Lebt wohl, alle meine Brüder! Lebt wohl in der Furcht des Herrn und verbleibt stets in derselben: denn es naht heran die Anfechtung und Trübsal; selig, die in dem ausharren, was sie angefangen haben. Ich aber eile zu Gott, dessen Gnade ich euch alle anempfehle." Nach Beendigung dieser süßen Ermahnung ließ der von Gott so sehr geliebte Mann das Evangelienbuch holen und sich aus dem Evangelium des heiligen Johannes den Abschnitt vorlesen, der anfängt: „Vor dem Osterfest". Er aber brach dann, so gut er konnte, in die Worte des Psalmisten aus: „Mit meiner Stimme habe ich zum Herrn gerufen, mit meiner Stimme habe ich zum Herrn gefleht!" Und betete diesen Psalm bis zum Ende, wo es heißt: „Mich erwarten die Gerechten, bis du mir Vergeltung gibst." Nachdem nun alle Geheimnisse an ihm erfüllt waren, trennte sich seine hochheilige Seele vom Leib und wurde versenkt in den Abgrund der göttlichen Klarheit. Der heilige Mann entschlief im Herrn.

Einer von den Brüdern und Schülern des Heiligen sah dessen Seele unter der Gestalt eines helleuchtenden Ster-

46 Der Tod des heiligen Franziskus

nes, von einer lichten Welle getragen, auf vielen Wassern geraden Weges zum Himmel fahren.

Im Sterben und seit langem sprachlos war zu eben dieser Zeit Bruder Augustinus, Provinzial in den Missionen, ein wahrhaft heiliger und gerechter Mann. Aber plötzlich schrie er auf, so daß alle Umstehenden es hören konnten und sprach: „Warte auf mich, Vater, warte! Siehe, ich komme schon mit dir!" Die Brüder wunderten sich sehr hierüber und fragten, mit wem er so rede. Er aber antwortete: „Seht ihr denn nicht unseren Vater Franziskus, wie er zum Himmel fährt?" Hierauf verließ seine heilige Seele sogleich den Leib und folgte dem hochheiligen Vater nach.

Der Bischof von Assisi machte um dieselbe Zeit eine Wallfahrt zur Kapelle des heiligen Michael auf dem Berg Gargano. Auch ihm erschien der heilige Vater in der Nacht seines Hinscheidens und sprach: „Siehe, ich verlasse nun die Welt und gehe zum Himmel." Am anderen Morgen erzählte der Bischof seinen Genossen, was er gesehen hatte; und nach seiner Rückkehr nach Assisi fragte er genau nach und erkannte mit Gewißheit, daß der heilige Vater um eben die Stunde die Welt verlassen, wo er das Gesicht gehabt hatte. Die Lerchen, Freunde des Lichtes, aber Feinde der Finsternis, kamen um die Sterbestunde des heiligen Mannes, obgleich es schon Abenddämmerung war, in großer Menge herbeigeflogen, umflatterten lange und mit außerordentlichem Frohlokken das Dach des Hauses, wo er im Sterben lag, und gaben der Verherrlichung des heiligen Mannes, der sie zum Lob Gottes einzuladen pflegte, ein liebliches und augenscheinliches Zeugnis.

47 *Die Brüder beweinen den toten Franziskus, während die Lerchen auf dem Dach seiner Zelle singen*

Seine Heiligsprechung und Überführung

Als der heilige Mann aus der Welt trat und sein geweihter Geist einging in das Haus der Ewigkeit, blieben seinem Leib gewisse Zeichen der künftigen Herrlichkeit eingedrückt. An jenen seligen Gliedern sah man Nägel, die durch göttliche Kraft wunderbar aus dem Fleisch gebildet und in dasselbe hineingewachsen waren. Auch zeigte sich ganz offen an seinem Leib die Seitenwunde, nicht von Menschen beigebracht, sondern von Gott selbst seinem Geliebten geschlagen. Sie war ähnlich der Seitenwunde des Erlösers. Die Nägel an Händen und Füßen sahen schwarz aus wie Eisen, während die Seitenwunde rot, durch Zusammenziehung des Fleisches fast zirkelrund war und wie eine sehr schöne Rose aussah. Das übrige Fleisch war sehr weiß und glänzend und zeigte so die Schönheit jenes zweiten Kleides der Unschuld. Seine Glieder waren so weich und biegsam, als hätten sie die Zartheit des Knabenalters wieder angenommen.

Es weinten die Söhne, weil ihnen der liebe Vater entzogen war, sie wurden aber mit nicht geringer Freude erfüllt, als sie an ihm die Siegel des höchsten Königs küßten. Dieses so ungewöhnliche und außerordentliche Schauspiel war für alle, welche es sahen, Stärkung im Glauben und Anregung zur Liebe; aber für die, welche davon hörten, ein Gegenstand der Bewunderung und ein Reiz, das zu sehen, was man ihnen erzählte. Nachdem also der Tod des heiligen Vaters und der Ruf dieses Wunders bekannt geworden war, strömte das Volk eiligst zum Kloster, wo der Leib des Heiligen lag, um das mit eigenen Augen zu sehen, was der Vernunft jeden Zweifel nehmen und das Herz mit Freuden erfüllen konnte.

Sehr viele Bürger von Assisi wurden zugelassen. Unter diesen befand sich auch ein Soldat, Hieronymus mit Namen, der gelehrt und klug, ein berühmter und angesehener Mann war. Dieser zweifelte an den heiligen Malen und war ungläubig wie Thomas. Gar kühn und dreist bewegte er vor den Brüdern und anwesenden Bürgern die Nägel hin und her und berührte mit seiner eigenen Hand des Heiligen Hände, Füße und Seite. Daher wurde er auch später unter anderen ein beständiger Zeuge für diese Wahrheit, die er auf diese Weise als gewiß erkannt hatte, und bekräftigte sie eidlich unter Berührung heiliger Gegenstände. Die Brüder und Söhne, welche zum Tod des heiligen Vaters gerufen waren, verbrachten samt der Volksmenge jene Nacht, in welcher der hehre Bekenner Christi gestorben war, unter Absingung heiliger Loblieder, so daß es nicht die Leichenfeier eines Verstorbenen, sondern Nachtwachen der Engel zu sein schienen.

Am anderen Morgen geleitete die zusammengerottete Menge, Baumzweige und Kerzen in den Händen tragend, unter Hymnen und Gesängen den heiligen Leib in die Stadt Assisi. Der Zug ging durch die Kirche des heiligen Damian, wo damals die edle Jungfrau Klara mit ihren Jungfrauen abgeschlossen lebte und den heiligen Leib erwartete. Man hielt dort ein wenig an und ließ die gottgeweihten Jungfrauen den heiligen Leib betrachten und küssen. Hierauf geht man mit Jubel zur Stadt und bestattet den kostbaren Leib mit aller Ehrfurcht in der Kirche des heiligen Georgius. Hier wurde er als Knabe unterrichtet, hier hatte er später gepredigt, hier fand er endlich seine erste Ruhestätte. Es schied der ehrwürdige Vater aus dem Schiffbruch dieser Welt im Jahr der Menschwerdung unseres Herrn 1226, Samstag abends, den 4. Oktober, und wurde begraben am Sonntag.

Sofort erglänzte der heilige Mann durch große und viele Wunder, weil Gott mit seinem strahlenden Antlitz auf ihn herabschaute. In allen Weltteilen geschahen durch den Heiligen herrliche Wunder, und große Wohltaten erlangte man durch seine Vermittlung, wodurch viele zur Andacht gegen Christus entzündet wurden. Zungen und Werke priesen den Heiligen und die Großtaten, welche Gott durch seinen Diener Franziskus wirkte, gelangten bis zu den Ohren des Papstes Gregor IX. Und da nun der oberste Hirte der Kirche nicht bloß aus den Wundern, von denen er nach dem Tod des Heiligen gehört, sondern auch aus den Beweisen, die er im Leben desselben mit Augen gesehen und mit Händen gegriffen hatte, die wunderbare Heiligkeit des seligen Franziskus mit voller Gewißheit erkannte, so beschloß er nach frommer Erwägung zu handeln, den Heiligen, der aller Verehrung höchst würdig, nun auch auf Erden zu verherrlichen. Damit aber der Erdkreis möglichst große Gewißheit über die Verherrlichung des hochheiligen Mannes erlangte, so ließ der Papst die Wunder, welche teils mündlich berichtet, teils niedergeschrieben und von glaubwürdigen Zeugen bestätigt worden waren, gerade durch jene Kardinäle prüfen, welche diesem Geschäft weniger günstig zu sein schienen. Nachdem nun

48 Die heilige Klara und ihre Schwestern verehren den Toten

die Wunder sorgfältig untersucht und von allen anerkannt worden waren, beschloß der Papst auf einmütigen Rat und unter Zustimmung aller Kardinäle und Würdenträger, die damals am römischen Hof waren, die Heiligsprechung des seligen Franziskus. Zu diesem Zweck kam er selbst persönlich in die Stadt Assisi und schrieb unter den größten Feierlichkeiten, deren Erzählung zu lange dauern würde, den seligen Vater in das Verzeichnis der Heiligen im Jahr 1228, am Sonntag, dem 16. Juli.

Bei Gelegenheit des zu Assisi abgehaltenen Generalkapitels wurde der Leib des Heiligen in die Kirche, die zu seiner Ehre erbaut war, überführt, im Jahr des Herrn 1230, am 25. Mai.

Wie dieser heilige Mann durch wunderbare Zeichen im Leben leuchtete, so glänzt er auch, indem die Macht Gottes in ihm sich verherrlicht, vom Tag seines Hinscheidens bis auf diesen Augenblick in den verschiedenen Weltteilen durch erhabene Zeichen und Wunder. Denn durch seine Verdienste erlangen die ersehnte Rettung Blinde und Taube, Stumme und Lahme, Wassersüchtige und Gichtbrüchige, Besessene und Aussätzige, Schiffbrüchige und Gefangene; in allen Krankheiten, Nöten und Gefahren erfährt man Hilfe durch ihn; aber auch viele Tote hat er wunderbar wieder zum Leben erweckt. Aus allem diesem erkennen die Gläubigen die große Kraft und Freigebigkeit des Allerhöchsten, der seinen Heiligen so verherrlicht; Gott dem Allerhöchsten sei dafür Ehre und Ruhm in alle Ewigkeit! Amen.

49 *Die Heiligsprechung des Franziskus*

Von den vielen Wundern, die Gott nach dem Tod des heiligen Franziskus auf dessen Verdienst und Fürbitte gewirkt hat, sei hier zum Schluß von einem beispielhaft erzählt:

Ein gewisser Minderbruder, der mit dem Predigtamt betraut war und sich besonders durch Tugend und guten Ruf auszeichnete, hatte wohl die feste Überzeugung von der Wahrheit der heiligen Wundmale gehabt, wurde aber, da er nach menschlicher Klugheit bei sich über den Grund dieses Wunders nachdachte, von einem gewissen Zweifel befallen. Da er nun, weil dieser Zweifel an Stärke zunahm, mehrere Tage hindurch unter diesem Kampf zu leiden hatte, erschien ihm des Nachts im Schlaf der heilige Franziskus mit beschmutzten Füßen, demütig und streng, geduldig und unwillig und sprach: „Was ist das für ein Ringen und Kämpfen? Welch schmutziger Zweifel? Siehe meine Hände und Füße." Hierauf sah er die durchbohrten Hände, ohne jedoch die Wundmale an den beschmutzten Füßen zu sehen. Dann sprach der Heilige: „Entferne den Staub von meinen Füßen und erkenne die Male der Nägel." Hierauf faßte der Bruder dieselben voll Andacht und es war ihm, als wischte er den Schmutz ab und berührte die Male der Nägel mit seinen Händen. Nach diesem erwacht er sogleich, fängt an zu weinen und wäscht die frühere Gesinnung, die etwas beschmutzt war, mit einem Strom von Tränen und durch öffentliches Bekenntnis hinweg.

50 *Der heilige Franziskus erscheint einem ungläubigen Bruder*

Nachwort

51 *Eine Klarissin fällt vor dem heiligen Franziskus auf die Knie*

Farbenfroh und lebensfroh erfahren wir die von der Freiburger Klarissin Sibilla von Bondorf geschaffenen Bilder (entstanden zwischen 1460 und 1748; heute London, British Museum), die das von ihr ins Mittelhochdeutsche übersetzte „Große Franziskusleben" (Legenda Major) des Bonaventura illustrieren. Bei der ersten Betrachtung kann man sich kaum des Lächelns erwehren, glaubt man doch, die lebendigen, rotbackigen Gesichter alemannischer Buben und Mädchen mit ihrem krausen Haar aus den Bildern hervorschauen zu sehen. Die so verspielt und unbeschwert scheinenden Bilder wecken Freude. Dann aber kommt die Frage auf: Ist das nicht eine Verharmlosung der leidvollen menschlichen Existenz, die man, einer fragwürdigen, aber gängigen Version folgend, so gerne den Nonnen zuschreibt? Dürfen wir diese Bilder anbieten in einer Zeit des Leidens, der atomaren Bedrohung, der immer ausgeprägteren Anonymität und Vereinsamung von Menschen, die man grausamerweise als „Randgruppen" bezeichnet? Dürfen wir ein so optimistisches Bild der Schöpfung vorzustellen wagen? Darf ich als Klarisse dazu Stellung nehmen, die ich mich dem häufigen Umgang mit den Menschen nicht entzogen habe, um zu meiner eigenen Bequemlichkeit Ruhe zu haben, sondern um an ihren Mühen, Leiden und Hoffnungen in einer umfassenderen Weise teilzunehmen? Ist die Schau des mittelalterlichen Franziskanertheologen Bonaventura, des „Doctor Seraphicus", nicht einfach zu harmonisch, zu optimistisch? Wo finden wir Hinweise auf die Sünde, auf das Böse, auf Kreuz und Leid? Vordergründig nur sind diese Bedenken zutreffend. Ob nicht gerade heute der Zeitpunkt gekommen wäre, Bonaventura als Realisten der Hoffnung, als Mann des Evangeliums, als Künder der neuen Schöpfung zu erkennen, einen Gläubigen, der Konsequenzen zieht aus dem Wort Gottes? Dieser Frage wollen wir nachgehen.

Bonaventura und die Klarissen

Das Schlüsselwort zu der Entdeckungsreise, zu dem Abenteuer, das Bonaventura heißt, kann ein Wort sein, das Klaus Hemmerle in einem Gedenkheft zum 700. Todestag des Kirchenlehrers schrieb: „Der Sprung in den Ursprung geht für Bonaventura dem ersten Schritt des Denkens bereits voraus". Dieser Sprung in den Ursprung ist das Thema der Berufung einer Klarisse. Es ist ein unheimlicher Anspruch des Los-Lassens, lebensgefährlich erscheinend, weil er keine Kompromisse duldet. Das war der Weg Klaras, der treuesten Jüngerin und Schülerin des „Poverello". Dies war und ist auch heute noch der Weg ihrer Schwestern.

Bonaventura hat sich immer zutiefst für die armen Frauen, für den Orden der heiligen Klara interessiert und war der französischen Königsschwester Isabella (1225–1270), der Schwester seines Freundes Ludwig IX., behilflich auf ihrem franziskanischen Weg, indem er ihre Klosterregel gemeinsam mit anderen Minderbrüdern prüfte. Innige Freundschaft verband ihn mit den armen Frauen von San Damiano bei Assisi, denen er zwei Briefe schrieb. Seine persönlichen Begegnungen mit den Klarissen sind von der Zurückhaltung des Ordensvaters geprägt, aber die geistliche Nähe ist unverkennbar. So war auch Sibilla von Bondorf (1478) eine Frau, die wir wohl dem Ordenszweig der Schwestern zuzählen dürfen, die im Gefolge Isabellas von Frankreich zu ihrer franziskanischen Berufung kamen. Dadurch ist eine besondere geistliche Nähe zu dem großen Ordensgeneral vorgegeben, der wohl das franziskanische Ideal für die heutige Zeit gerettet und erhalten hat. Vielleicht darf man das Leben einer Klarisse unter das Wort aus Psalm 18 stellen: „Du führst mich hinaus ins Weite; du rettest mich, weil du mich liebst." Welche Weite mag eine Schwester in strenger Zurückgezogenheit mit diesem Wort in Verbindung bringen? Sicher ist dies: Die Spiritualität des großen Theologen, dessen Theologie mit dem „Ansatz von oben den Engführungen entgeht", ist eine wunderbare Begleitmusik des abenteuerlichen Weges nach innen, auf den die Klarisse gerufen ist. In Kirche und Welt soll sie ja das Zeugnis geben, daß Gott es wert ist, daß der Mensch ganz für ihn da sei, er von dem Franziskus sagt: „Du bist der Gute, das höchste Gut, der lebendige und wahre Gott. Du bist die Güte, die Liebe, du bist die Weisheit, du bist die Demut, du bist die Geduld" (Gotteslob 4). Gott hat sich selbst entäußert, sich eingelassen auf uns Menschen; wir Menschen aber erhalten nur dann Sicherheit, Frieden, Freude und Geborgenheit, wenn wir uns lassen und ver-lassen auf den erbarmenden, gütigen

Gott hin. Das ist der Anfang der neuen Schöpfung, der „nova creatura".

Unsere Mitschwester Sibilla von Bondorf aus Freiburg hat als Klarisse den „Sprung in den Ursprung" gewagt. Sie hat sich losgelassen auf Gott hin. Ob dies der Schlüssel ist zu ihren leuchtenden Bildern?

Bonaventura versteht Mensch und Welt im biblischen Sinne als Abbild Gottes. Dazu sagte er in seinem Buch „Itinerarium mentis in Deum", dem Pilgerbuch der Seele zu Gott, das besonders den Klarissen kostbar ist: „Um zur Betrachtung des Urgrundes zu gelangen, der ganz geistig, ewig und über uns ist, müssen wir zunächst der Spur nachgehen, die körperlich, zeitlich und außer uns ist ... Sodann müssen wir in unsere Seele eintreten, die das Bild Gottes, unsterblich, geistig und in uns ist ... Endlich müssen wir zum Ewigen, ganz Geistigen aufsteigen, das über uns ist, und aufschauen zum Urprinzip" (Itinerarium prol. n. 2). Ist der Christ nicht gerufen, aufnahmefähig und transparent zu werden für das Bild Gottes, aufleuchtend im Antlitz Jesu Christi? Ist das nicht die in der Taufe gründende Aufgabe einer Klarisse? Müssen ihre Bilder so nicht leuchtend, friedvoll und unbeschwert werden, eine Vision des Friedens und der Versöhnung? Gott liebt uns im voraus (Eph 1,33 ff). Er ruft uns, seine leuchtende „Bildgestalt" (Eph 4,13) auf einmalige Weise darzustellen. Jeder Berufene und jede Berufene, auch und nicht zuletzt die franziskanische Schwester, die arme Frau, die Klarissin, ist bestimmt, eine lebendige Ikone Jesu Christi zu sein. Sibilla von Bondorf war eine gelehrige Schülerin des „Doctor Seraphicus", lebendige Tradition weitergebend und mit der mystischen Glut der Frauenklöster des 15. Jahrhunderts verbindend. Sie gibt uns dem Vorwort des „Großen Franziskuslebens" entsprechend, den Schlüssel zum Verständnis in die Hand (Bild 2): Da sitzt der Apostel Johannes, hingerissen von der Vision Christi, des ungeschaffenen Wortes, erleuchtet vom Heiligen Geist, bei der Niederschrift der Apokalypse. Das Buch auf zierlichem Schreibpult ist beschriftet. Die Schrift beginnt mit dem Wort „Vidi" – Ich sah ..., wohl ein Hinweis auf den Text Offb 6,12 und 7,2, den Bonaventura auf Franziskus, „den Engel des sechsten Siegels", deutet. Im Hintergrund ist das Bild der Frau, „der Braut des Lammes" (Offb 12), angedeutet, eine Hilfe zur Einfühlung.

Berufung zur Kontemplation

Jeder Getaufte ist zu einem spirituellen Leben berufen, und jeder Getaufte ist bzw. sollte ein Kontemplativer sein. Nicht nur die kontemplativen Schwestern sind zur Meditation der Heilsgeheimnisse verpflichtet. Diese Zeilen sollen also nicht nur von ihrem Lebenskonzept sprechen, sondern den Blick des gläubigen Menschen weiten für gnadenhafte Wirklichkeit, von der die heilige Klara sagt: „Stelle Deine Gedanken vor den Spiegel der Ewigkeit, stelle Deine Seele in den Glanz der Glorie, stelle Dein Herz vor das Bild der göttlichen Wesenheit und forme Dich selbst durch Beschauung gänzlich um in das Abbild seiner Gottheit, damit Du selbst empfindest, was seine Freunde empfinden durch das Verkosten der verborgenen Süßigkeit, die Gott selbst von Anbeginn denen aufbewahrt hat, die ihn liebhaben ... Siehe, nun ist es klar, daß durch die Gnade Gottes, welche das Wertvollste der Geschöpfe ist, die Seele des gläubigen Menschen größer ist als der Himmel; denn die Himmel mit den übrigen Geschöpfen vermögen den Schöpfer nicht zu fassen, die gläubige Seele allein ist seine Wohnung und sein Sitz, und dies nur durch die Liebe, welche die Gottlosen entbehren" (dritter Brief der hl. Klara an Agnes von Prag). Klara erweist sich, wie Franziskus, als Kundschafterin des Ewigen. Ist das ein Mangel an Wirklichkeitssinn? Wer Klaras hartes Leben und ihren schwesterlichen Dienst kennt, muß das bestreiten. Ihre Schau des Ewigen entspringt ihrer Armut und Demut.

Das „Große Franziskusleben" als Lebensbuch der Klarissen

Beim Kirchweihfest, am 20. August 1260, begegnen wir Bonaventura wieder auf dem La Verna, jenem heiligen Berg, in dessen Einsamkeit Franziskus bei Gebet und Fasten 40 Tage zubrachte und in tiefer Beschauung die Geheimnisse des Herrn erkannte und seine Wundmale empfing. Hier traf Bonaventura, wie wir wissen, mit den vertrauten Gefährten des Heiligen: Bruder Ägidius, Bruder Rufin und Bruder Leo zusammen, den er in seinem Brief an die Klarissen zu Assisi „unseren überaus lieben Bruder Leo, den einstigen Gefährten des heiligen Vaters" nennt. Dieser war der heiligen Klara und ihren Schwestern immer besonders verbunden gewesen. Bonaventura schöpfte also, als das Pfingstkapitel von Narbonne ihm den Auftrag erteilt hatte, für die Tischlesung und den Gebrauch im Chor ein wahrheitsgetreues Franziskusleben zu schreiben, aus erster Quelle, indem er die vertrauten Gefährten des Armen von Assisi befragte und die bevorzugten Orte seines Lebens aufsuchte. Das Wort Legenda will nicht in unserem heutigen Sinne verstanden sein. Es bedeutet einfach das bei der Tischlesung und beim Chordienst zu gebrauchende Buch. Von daher war es den Klarissen durch Jahrhunderte die einzig verfügbare Quelle für das Leben des Ordensvaters. Regelmäßig lasen sie darin. Es war ihr Lebensbuch, aus dem sie die Kunst ablasen, das Evangelium Jesu Christi zu leben. Es lehrte die Schwestern ein im Leben sich bewährendes Wissen vom Herrn, „König des Himmels und der Erde", eben nicht eine abstrakte intellektuelle Erkenntnis, sondern ein lebendiges, sich in die Tat umsetzendes Wissen von Gott und den Menschen, eine durch Erkenntnis gefestigte Liebe.

*„Im Anfang war das Wort …
Alles ist durch es geworden" (Joh 1,1–3)*

Die ehrfürchtige Haltung des heiligen Franziskus und der heiligen Klara gegenüber der Schöpfung ist nie in Frage gestellt worden im Laufe der Jahrhunderte. Sie war keine Naturschwärmerei, kein Pantheismus, sondern demütige Annahme des Bruder- und Schwesterseins der Geschöpfe; hervorgehend aus Gottes Schöpferhand. Nur der Mensch, der sich selbst losgelassen hat, versteht im Buch der Schöpfung die Botschaft, das Wort des lebendigen Gottes zu lesen. Er will die Natur, die Elemente Pflanzen und Tiere nicht für seine Zwecke ausbeuten. Er treibt keinen Raub, sondern ist beglückt über das Geschenk aus Gottes Hand, über die vielfältigen Zeichen seiner Liebe. Das Los-Gelassene wird zum Fest (Johannes Bours), so beginnt sich das Rätsel der Klarisse Sibilla von Bondorf zu lösen: Sie muß eine Frau gewesen sein, die den „Sprung in den Ursprung" schon vollzogen hatte, die frei geworden war in der Demut, die die Beseligung des Armseins erfahren hatte. Darum blüht es und glüht es in ihren Bildern. Dem aufmerksamen Betrachter, der aufmerksamen Betrachterin, kann es nicht entgehen, daß gerade die Bilder, die von Prüfung und Bewährung sprechen und leidvolle Szenen im Leben des Ordensvaters darstellen, besonders farbenprächtig und lebendig sind. Da sind die Wiesen und Bäume mit den fein ausgearbeiteten Blumen und Kräutern hingemalt wie golddurchwirkte Teppiche oder Wandbehänge, da leuchten die Farben auf: das warme Rot, das beruhigende Grün, als sollte gesagt sein: „Bewährung wirkt Hoffnung. Die Hoffnung aber läßt nicht zuschanden werden, weil die Liebe Gottes in unseren Herzen ausgegossen ist durch den Heiligen Geist" (Röm 5, 4–6).

Die Rückführung der Schöpfung auf den Schöpfer

Allein der Mensch hat die Möglichkeit, den Ursprung der für ihn geschaffenen Dinge und Wesen in Gott zu erkennen und zu ihm zurückzuführen. In unserer Zeit hat Martin Heidegger den Menschen als „Hirten des Seins" bezeichnet. Es ist uns aufgegeben, den Verheißungscharakter der Schöpfung zu erkennen und sie in Demut auf ihren Ursprung hin zu deuten, „denn die ungeduldige Sehnsucht der Schöpfung harrt auf das Offenbarwerden der Kinder Gottes" (Röm 8, 19). Nur der Demütige und Arme, der die Schöpfung nicht zu selbstsüchtigen Zwekken mißbraucht, kann sie durch den frohen Blick des Dankes für das Geschenk der Dinge einbeziehen in die verheißene Versöhnung. Unsere Schwester Sibilla hat diese Wirklichkeit zutiefst erfaßt und ist darin dem Sohn Gottes gefolgt, der uns Weg geworden ist, den unser seliger Vater Franziskus, sein wahrer Liebhaber und Nachfolger, durch Wort und Beispiel gezeigt und gelehrt hat (vgl. Testament der hl. Klara). Ja, unsere Schwester hat einen wachen und befreiten Geist und ein feines Gespür für die Schöpfung, für ihre Erlösung in dem Augenblick, wo der erlöste Mensch die Schöpfung in tiefer Ehrfurcht und Dankbarkeit anschaut, weil sie eine Liebeserklärung Gottes an ihn ist. Dies läßt uns gleicherweise das Wort des Franziskus ahnen: „Der heilige Gehorsam ... ist untergeben und untertan allen Menschen, die in der Welt sind, und nicht nur allein den Menschen, sondern auch allen wilden und ungezähmten Tieren ..." Diese Demut und Losgelöstheit entdeckt im Geschöpf die Gabe Gottes. „Und alles Gute wollen wir dem Herrn und höchsten Gott zurückerstatten und alles Gute als sein Eigentum erkennen. Und er soll empfangen alle Ehren und Ehrerweisungen, alle Lobpreisungen und Benedeiungen, allen Dank und alle Herrlichkeit, er, dem jegliches Gut gehört, der allein gut ist." Das ist die Befreiung der Schöpfung zur Freiheit und Herrlichkeit der Kinder Gottes, die Zurückführung des Seins auf den Schöpfer, Grundthema des heiligen Bonaventura, auch im „Großen Leben des heiligen Franziskus". So gehorchen dem Franziskus selbst die kosmischen Kräfte ... (Bild 23), Licht erstrahlt in der Finsternis auf sein Gebet hin auf dem nächtlichen Weg von der Lombardei zur Mark Treviso. Immer sind Engel dargestellt als Zeichen der Anwesenheit der guten, heilenden Kräfte, der Umarmung von Himmel und Erde, als Zeichen des neuen Himmels und der neuen Erde. Das Wasser quillt aus dem Felsen, um den armen Mann zu erquicken, der Franziskus den Esel geliehen hatte (Bild 31). Das Antlitz dessen, der sieht, ist auf dem Bilde dargestellt.

Das VIII. Kapitel des „Großen Franziskuslebens" zeigt, wie die vernunftlosen Geschöpfe Franziskus anhängen. Das Bild der Schafherde in der Nähe von Siena, die Franziskus durch ihre Anhänglichkeit ein Fest bereitet, ist anmutig und spielerisch, Franziskus und sein Gefährte voller Freude (Bild 32). Die Anhänglichkeit des Häschens, das man ihm bei Greccio schenkte und die Zärtlichkeit des Ordensvaters sind bewegend (Bild 33). Franz bittet die Vögel im Sumpfgebiet von Venedig um Ruhe, damit er das Stundengebet beten kann (Bild 34). Bruder Falke weckt den Heiligen auf dem La Verna zum Gotteslob (Bild 35) und die Vögel hören dem Poverello bei seiner Predigt zu (Bild 43). Vermerkt sei auch die für das Mittelalter nicht selbstverständliche Ehrfurcht und Wertschätzung des Weiblichen, die bei Franziskus und Klara gleicherweise aus der Wurzel der Demut und Armut entspringt. Die ausgewogene Betrachtung von Mann und Frau in der Zeit franziskanischen Ursprungs war sicherlich nicht nur Frucht der aufbrechenden

Frauenbewegung des Hochmittelalters, sondern Frucht urfranziskanischer Spiritualität.

Die versucherische Faszination der Kreatur

Wirklichkeitsnah wird in dem „Großen Leben des heiligen Franziskus" die Faszination und Verführungskraft, der schillernde Zauber des Geschöpflichen beschrieben, das unerlöst ist. Ein sensibler Mensch wie Franz mußte dies erfahren. Da war die Vision des Priesters Silvester, der sah, wie ein Drache Assisi bedrohte (Bild 10). Die Stadt ist nur angedeutet. Der apokalyptische Drache aber ist von Schwester Sibilla so dargestellt, daß er fast nicht zu unterscheiden ist von der Herrlichkeit der Natur. Er ist wie hineinverwoben. Die Kontraste sind schwach. Sonne und Mond sind dargestellt: Sinnbild des Männlichen und Weiblichen. Das Kreuz Christi besiegt den Drachen. Die ganze Komposition des Bildes deutet auf eine kontemplative Ordensfrau hin, die sich tief hineinversenkt hat in die Offenbarung des Johannes und in ihr Abbild, das „Große Franziskusleben". Eine realistische Einschätzung des Lebens, auch eines begnadeten Menschen, zeigt das Bild der Versuchung des Franziskus ... Das Böse, der Böse „verschwimmt", ist unklar, getarnt (Bild 19).

Läuterung und letzte Übergabe im Tode

Die Zurückführung des geschaffenen Seins auf seinen Schöpfer spiegelt sich nicht zuletzt in den bewegenden Berichten Bonaventuras über das Sterben des heiligen

Franziskus (Kapitel XIV des „Großen Franziskuslebens"). Gerade das Sterben des Ordensvaters ist von alters her immer wieder in den Klarissenklöstern betrachtet worden, wollte er doch seinem Herrn so ähnlich wie nur möglich werden. Bonaventura hat begrifflich zusammengebracht, was Franziskus und Klara gelebt haben. Hier dürfen wir vielleicht an den Lobgesang der Geschöpfe „Cantico delle creature", den Sonnengesang, denken: die preisende Anerkennung des geschöpflichen Charakters der Welt und den Dank für die Liebe, die Gott in ihr schenkt. Selbst das Äußerste und Letzte, der Tod, ist bei Franziskus einbezogen in diesen Dank. Kurz vor seinem Sterben hat Franziskus eine neue Strophe zum Lobgesang der Geschöpfe hinzugefügt: „Sei gepriesen, o Herr, für unseren Bruder, den leiblichen Tod." Hier leuchtet im Dunkel ein Licht auf. Vom demütigen, armen und dankenden Franziskus wird das Undurchschaubare aufgebrochen zur Quelle des Lichtes hin. Es sei erlaubt, hier daran zu erinnern, daß die heilige Klara nach 23jähriger schwerer Krankheit gestorben ist mit folgenden Worten, die sie zu ihrer Seele sprach: „Geh hin in Sicherheit, denn du hast ein gutes Reisegeleite, denn der dich erschaffen hat, hat dich geheiligt. Er hat dich stets behütet wie eine Mutter ihr Kind und dich mit zärtlicher Liebe geliebt. Herr, sei gepriesen, weil du mich erschaffen hast".

Sibilla von Bondorf hat das Sterben des Ordensvaters ergreifend dargestellt. Himmel und Erde berühren sich in diesem Sterben. Wie die heilige Klara im Tod, so ist auch Franziskus von den betenden Brüdern umgeben. Engel erweisen ihm die Ehre des Weihrauchs. Er hat sein

Opfer vollbracht. Geborgen in der Mütterlichkeit Gottes ist er dargestellt, aufgenommen und geborgen bei seinem Herrn (Bild 46). Das Bild der Beweinung durch Frau Jacoba de Settesoli und die Brüder, während die Lerchen singen, ist voll Innigkeit. Unsere Schwester Sibilla hat den Heiligen mit einer geblümten Decke zugedeckt. Die ganze mütterliche Sorge liegt darin (Bild 47). Der Abschied der heiligen Klara und ihrer Schwestern von dem, der „nach Gott ihr Trost und einziger Halt" war, ist von ergreifender Zärtlichkeit und Ehrfurcht geprägt. Wir ahnen etwas von der Frauenpersönlichkeit, die diescs Bild entworfen und geschaffen hat. Reif und lauter muß sie gewesen sein, frei von Enge und Leibfeindlichkeit.

Nie bleibt der heilige Bonaventura auch im „Großen Franziskusleben" am äußeren Anblick der Dinge haften. Er dringt vielmehr vor zu ihrem ontologischen Zustand, zum Ursprung, aus dem sie ihr Sein haben. Die Einheit, die Wahrheit und das Gutsein jeder Kreatur verweist auf den Einen, Wahren und ungeschaffenen Guten, auf den, in dem alles geschaffen ist. Die Kreatur existiert nicht aus sich selbst, sondern weil Gott sie im Leben und Sein erhält. Sie ist schwach und hinfällig, aber diese Tatsache verführt den seraphischen Lehrer nicht zu Pessimismus gegenüber dem Geschaffenen. Denn die Chance der Kreatur ist ja gerade die, daß sie nicht anders existiert als durch die Liebe Gottes, der sie trägt durch sein dauerndes Wohlwollen. Das ist ihre Armut und ihr Reichtum.

„Und das Wort ist Fleisch geworden und hat unter uns gewohnt“ (Joh 1,14)

Man hat Franziskus den Heiligen der Inkarnation genannt, so spielt die Geburt des Herrn und sein Leben und Leiden in den Schriften des franziskanischen Ursprungs eine große Rolle.

Die Krippenfeier in Greccio

Franziskus wurde durch die Krippenfeier in Greccio der, der dem frommen Brauch der Weihnachtskrippen starken Aufschwung gegeben hat. Er spricht in seinem Stundengebet vom „heiligen und geliebten Kind, für uns am Wege geboren“. Klara greift dies auf und spricht vom „heiligsten und geliebtesten Kind“. Auf dem Bild von Schwester Sibilla umfängt Franziskus das göttliche Kind mit der Behutsamkeit einer Mutter. Altar und Lesepult sind für die heilige, mitternächtliche Feier gerüstet. Franziskus kündet als Diakon in dieser Nacht die frohe Botschaft vom menschgewordenen Gottessohn. Ochs und Esel schauen andächtig zu, und die Blumen sind erblüht (Bild 42).

Immer wollte Franziskus die Wanderpredigt des Heilands mit seinen Aposteln in seinem alltäglichen Leben neu darstellen, wie ein guter Darsteller und Spielmann des Herrn. Es war ihm damit heiliger Ernst. In Unsicherheit und Ratlosigkeit, ob er ein rein kontemplatives Leben führen oder als Herold Christi zum Predigen ausziehen solle, suchte er Rat bei Bruder Silvester und bei Klara und ihren Schwestern, um Gottes Willen zu erforschen; wie durch ein Wunder stimmen sie überein, daß dem Ordensvater die Wanderpredigt aufgegeben sei.

Das Geheimnis des Kreuzes Christi

Die Bilder unserer Klarisse geben Stationen der Wanderwege des Franziskus wieder. Sie enden wie die Wanderwege des Herrn auf Golgata, in der Einsamkeit des La Verna. Dort wurde das Kreuzgeheimnis dem Leben des Poverello durch die Wunden Christi eingeprägt. Das Sich-Lassen Gottes geschieht nicht anders, als indem der Mensch sich ihm im Glauben läßt. Glauben ist ein das ganze Leben in sich bergender Vollzug, Abschied vom Ich zum Ursprung hin. So ist die Kindheits- und Leidensgeschichte Jesu immer Zentrum der franziskanischen Kontemplation gewesen. Für jeden Christen, der auf den Ursprung hin lebt, für jede Klarisse und für jeden Franziskaner nicht zuletzt, wird die Begrenztheit und Endlichkeit des Sprechens und Denkens einmal „hinweggebrannt“. Vielleicht nennt man Franziskus und Klara darum seraphische Heilige, weil sie brennende Wesen waren. Nicht nur am Anfang, sondern auch am Ende steht die Auslieferung des Menschen und seines Vermögens an den allein handelnden Gott. Demut und Armut und Anerkennung des Kreuzes Christi sind die einzige Voraussetzung für die Erkenntnis der erlösenden Wahrheit. So sehen wir mit Sibilla von Bondorf in der Schau des geheimnisvollen mystischen Geschehens auf dem La Verna das Geheimnis von Golgata. Die Nachfolge des nackten Gekreuzigten ist das Maß der christlichen Vollkommenheit. Die Begegnung mit dem Gekreuzigten war der franziskanischen Künstlerin wohl das wichtigste Bild (Bild 44).

Es scheint inniger, glühender und farbenprächtiger zu sein als die anderen Bilder und ist mit schönem Rankenwerk umgeben. Dies ist leicht verständlich, wenn man die große Bedeutung kennt, die Bonaventura dem Ereignis der Stigmatisation in seinem Bericht schenkt. Er selbst hat die heilige Klara nicht gekannt. Er hatte aber zuverlässige Informationen über ihr Leben. Er spricht im IV. Kapitel seines „Großen Franziskuslebens" über die Berufung Klaras und der anderen armen Frauen: „Ihr Herz hing an nichts, und sie brauchten sich nicht zu fürchten, etwas zu verlieren; darum fühlten sie sich überall in Sicherheit." Bei dem Bericht über die Stigmatisation des Heiligen wird ausdrücklich vermerkt, daß „Klara und mit ihr die übrigen Schwestern die heiligen Wunden des Franziskus nach seinem Tode gesehen haben". Das Kreuzgeheimnis steht immer wieder im Mittelpunkt der Briefe der heiligen Klara selbst. Bonaventura schrieb den Klarissen von Assisi im Brief von 1259: „Da ich kürzlich ... hörte, wie ihr in aller Lauterkeit danach strebt, als Bräute des ewigen Königs dem armen gekreuzigten Christus zu dienen, war ich hocherfreut im Herrn". Diesen Brief schrieb er, von Bruder Leo angeregt, nachdem er 1259 auf dem La Verna seinen „Pilgerweg des Geistes zu Gott" verfaßt hatte. Auf dem zweiten Bild der Stigmatisation (Bild 45) ist Franziskus noch näher an das Kreuz des Herrn gerückt. Brennpunkt und Mitte der Theologie Bonaventuras ist das fleischgewordene Wort, Jesus, der Herr, der auch als das Ewige Wort im Mittelpunkt der Heiligsten Dreifaltigkeit steht. Das Geheimnis des Kreuzes führt hin zum Geheimnis der ewigen Herrlichkeit des dreieinigen Gottes.

„Und wir haben seine Herrlichkeit geschaut, eine Herrlichkeit als des Eingeborenen vom Vater" (Joh 1,14)

Im Vorwort seines „Großen Franziskuslebens" schreibt Bonaventura: „In diesen jüngsten Tagen ist die Güte Gottes, unseres Erlösers, in seinem Diener Franziskus allen wahrhaft Demütigen und allen Freunden der heiligen Armut erschienen ... die durch sein Beispiel lernen, Christus gleichförmig zu leben und unermüdlich nach der seligen Hoffnung zu dürsten. ... Er sollte von dem Lichte Zeugnis geben und für den Herrn den Weg des Lichtes und des Friedens zu den Herzen der Gläubigen bereiten ... Er hat nämlich als helleuchtender Stern und Engel des wahren Friedens den Menschen Frieden und Heil verkündet ... Daher heißt es, Johannes habe ihn treffend unter dem Bild eines Engels bezeichnet, der vom Aufgang der Sonne aufsteigt und das Zeichen des lebendigen Gottes trägt (Offb 6,12; 7,2) ... zu dieser Erkenntnis im Glauben führt uns als unverbrüchlich wahres Zeugnis das Siegel der Ebenbildlichkeit mit dem lebendigen Gott, mit dem gekreuzigten Christus, das ihm die wunderbare Macht des lebendigen Gottes dem Leibe nach eingeprägt hat".

„Ich sah einen neuen Himmel und eine neue Erde“ (Offb 21,4)

Das „Große Franziskusleben“ soll also, gleichsam als Abbild der Offenbarung des Johannes, für alle, die mit dem Siegel des lebendigen Gottes bezeichnet sind, ein Trostbuch und Hoffnungsbuch in bedrängter Zeit sein. Bonaventuras Theologie, die auch dort ihren Ausdruck findet, ist kein System, sondern ein Kosmos (Werner Dettloff). Guardini sagte einmal, daß man darin spazierengehen könne, wie in einer gotischen Kathedrale. „Von dieser Theologie gilt, was einmal von der Gotik gesagt wurde: daß sie nicht einen Stein auf den anderen baute, sondern einen Stein gegen den anderen ausbalancierte“ (Werner Dettloff). In den Bildnissen der Klarisse Sibilla von Bondorf spiegelt sich das Leben. Wenn wir genau hinschauen, finden wir das Funkeln der verschiedenen Aspekte der Wahrheit bei dieser getreuen Schülerin Bonaventuras. Was sie vermitteln wollte, war eine lebendige Hoffnung auf den neuen Himmel und die neue Erde, auf das Kommen des neuen Jerusalem, das sich geschmückt hat wie eine Braut ...

Alle Farbenpracht und unbeschwerte Sicherheit ist Frucht eines tiefen kontemplativen Lebens in Demut und Armut. Wie könnte es anders sein? Das Böse in der Welt, das Leiden, die Sünde, der Unfrieden und die Verwirrungen menschlicher Existenz haben unsere Künstlerin, die Tochter der heiligen Klara und des heiligen Franziskus, nicht hindern können, die Welt christlich als erlöst zu verstehen. Bonaventura und seine gelehrige Schülerin zeigen uns, was geschieht, wenn Getaufte,

Männer und Frauen, die mit dem Siegel des Auferstandenen bezeichnet sind, sich an Getaufte wenden. Sie haben in ihrem Leben, in ihrer Kontemplation, in ihrer Arbeit, dem Leiden und Kreuz Jesu Christi Raum gegeben und mit tiefer Liebe und mit-leidend auf ihn geschaut, die höchste Liebe Gottes und Christi zu den Menschen als Durchgang zu einem neuen Leben erkennend.

Ein heimliches Selbstbildnis

Die Menschen des 15. Jahrhunderts waren noch ursprünglich genug, zu ihren Gefühlen zu stehen. So hat Sibilla von Bondorf im letzten Bild (Bild 51) ihre ganze Sehnsucht und Hoffnung versteckt in der kleinen Klarissenschwester, die die Knie des seraphischen Heiligen umfaßt, der ihr das Bildnis des gekreuzigten Seraphs, Christus, zeigt. Wenn es recht entziffert ist, sagt sie zu Franziskus, was das Spruchband in mittelhochdeutscher Sprache andeutet: „O süßer Vater, ich bin dir eigen, du weisest Gott!" –

Sie hat das Wort Klaras an Agnes von Prag wohl verstanden: „Eile in schnellem Lauf, mit leichtem Schritt, ohne den Fuß anzustoßen, ... sicher, freudig, munter und behutsam auf dem Pfade der Seligkeit!" Das ist die Sicherheit und Freude der Demütigen, der Armen. Ob wir uns anstecken lassen?

Möge der vorliegende Bildband, durchseelt von franziskanischer Geistigkeit, helfen, das Spiegelbild Gottes in seiner Schöpfung, ausgehend vom Geiste des Evangeliums, wieder neu zu entdecken. Sibilla von Bondorf hat dies ersehnt, ganz im Geiste des Lobgesanges der Geschöpfe und ihrer sterbenden Ordensmutter Klara. Möge das hoffnungsfrohe Werk uns alle einladen, die überwältigenden Absichten der Liebe Gottes, des Meisters des Unmöglichen, wachen Blickes zu erfassen. Er hat uns seine Liebe in der Schöpfung und Inkarnation „begreiflich" werden lassen. Jedem von uns, allen Männern und Frauen, ist er nahe mit seiner göttlichen Liebe im Heiligen Geist. Schauen wir ins Weite, in die Zukunft, auf die neue Welt und die neue Schöpfung, die Jesus Christus verheißen hat ... Das gelingt uns am besten, wenn wir uns den Anforderungen des Heute tapfer stellen und die Realitäten sehen. So sind wir in der Hoffnung und durch die Bekehrung unserer Herzen neue Menschen, geprägt von der Auferstehung Jesu Christi. Dazu drängt uns der Geist, der uns alles lehrt, der Geist, über den er verfügt. „Wenn jener aber kommt, der Geist der Wahrheit, wird er euch zur vollen Wahrheit führen. Denn er wird nicht von sich aus reden, sondern er wird reden, was er hört, und das Zukünftige wird er euch verkünden" (Joh 16,13).

Literatur

Sophronius Clasen OFM: Franziskus, Engel des sechsten Siegels, in: Franziskanische Quellenschriften Band 7, Werl 1962, S. 38, 297f.

Klaus Hemmerle, in: Wissenschaft und Weisheit, Zeitschrift für augustinisch-franziskanische Theologie und Philosophie, 2/3, Düsseldorf 1974, S. 91, 93.

Werner Dettloff, in: Wissenschaft und Weisheit, Zeitschrift für augustinisch-franziskanische Theologie und Philosophie, 1, Düsseldorf 1975, S. 32.

Die Bibel, Einheitsübersetzung, Freiburg – Basel – Wien 1979.

Engelbert Grau OFM: Leben und Schriften der heiligen Klara, in: Franziskanische Quellenschriften Band 2, Werl 1980, S. 73, 120, 122ff.

Lothar Hardick und Engelbert Grau OFM: Die Schriften des heiligen Franziskus von Assisi, in: Franziskanische Quellenschriften, Band 1, Werl 1982, S. 117, 132.

Ignacio Omaechevarria OFM: Escritos de Santa Clara, Madrid 1982.

Visages franciscains, in: Sources Vives Nr. 10, Septembre, Paris 1984.

A. Rotzetter, in: Tau 6/87, S. 12ff., 19.